Cuisiner malin avec les surgelés

Recettes de Julie Andrieu et Philippe Astruc

Photographies de Mickaël Roulier
Stylisme : Emmanuel Turiot

MARABOUT

Sommaire

Avant de découvrir ces 120 recettes, vous vous demandez peut-être quelle est notre botte secrète. Être créatif, c'est repenser les limites. Picard le fait en permanence, souvent avec succès, parfois en se trompant. L'imagination est à ce prix. L'imagination n'a pas de prix. Qui pensait, en 1974, que l'aventure du surgelé mènerait aussi loin ?

Ces 120 recettes ne constituent pas « l'œuvre complète » Picard, mais une anthologie, des morceaux choisis. Picard concocte 250 recettes par an. On s'y perdrait à en calculer le nombre à l'heure de cet anniversaire.

Et puis, la plus appétissante, la plus stimulante pour l'esprit et les papilles, n'est-ce pas celle que l'on inventera demain, qui n'existe pas encore ? La cuisine se réinvente chaque jour comme un atelier inspiré.

LES RECETTES

ANNEXES

Entrées et soupes

Foie gras aux cèpes et aux noix

REPAS RAFFINÉS • *Pour 6 personnes.*

DÉCONGÉLATION LOBE DE FOIE GRAS : 1 HEURE AVEC SON SACHET DANS L'EAU TIÈDE
MARINADE 2 HEURES - PRÉPARATION 30 MINUTES (24 HEURES À L'AVANCE) - CUISSON 28 MINUTES

Les surgelés

1 foie gras de canard cru (400 g)
300 g de cèpes émincés
2 c. à soupe d'échalote coupée
1 c. à soupe d'ail coupé
1 brioche tranchée pur beurre

Chez l'épicier

2 c. à soupe de sauternes
1 c. à soupe d'armagnac
20 g de cerneaux de noix concassés
huile de noix
sel, poivre

1 Sortez le foie gras décongelé de son sachet et déposez-le dans un plat. Assaisonnez-le avec 1 c. à soupe rase de sel, le sauternes, l'armagnac et le poivre. Recouvrez de film alimentaire et laissez mariner pendant au moins 2 heures au réfrigérateur.

2 Dans une poêle anti-adhésive bien chaude, faites cuire 10 minutes les cèpes avec l'échalote et l'ail. Salez et poivrez. Hors du feu, ajoutez 1 c. à soupe d'huile de noix et les cerneaux de noix. Recoupez-les finement à l'aide d'un couteau et laissez refroidir.

3 Répartissez la préparation précédente dans les lobes du foie de façon homogène. Enveloppez le tout dans deux couches de film alimentaire en lui donnant une forme cylindrique d'environ 6 cm de diamètre. Entourez ensuite d'une feuille de papier aluminium. Faites cuire à la vapeur 18 minutes. Laissez refroidir, puis placez au réfrigérateur au moins 24 heures.

4 Juste avant de servir, badigeonnez les tranches de brioche d'huile de noix. Salez, poivrez et toastez-les. Déposez dessus le foie gras coupé en médaillons. Servez aussitôt.

Velouté de homard au curry et aux fruits secs

POUR CHANGER • *Pour 4 personnes.*

DÉCONGÉLATION HOMARDS : 1 HEURE 30 DANS LEUR EMBALLAGE PLONGÉ DANS L'EAU TIÈDE
PRÉPARATION 15 MINUTES - CUISSON 10 MINUTES

Les surgelés

4 homards entiers cuits
200 g de sauce crustacés

Chez l'épicier

1,5 c. à café de curry en poudre
15 cl de crème fraîche liquide
1 c. à soupe de raisins secs
3 c. à soupe d'amandes effilées
Tabasco
sel, poivre

1 Coupez les homards en deux dans la longueur en veillant à recueillir tout le jus qui s'en échappe. Décortiquez et tranchez la chair en gros morceaux. Récupérez la chair des pattes.

2 Dans une casserole, versez la sauce crustacés, ajoutez la chair de homards et le jus, quelques gouttes de Tabasco et le curry. Faites chauffer 5 minutes sans bouillir. Ajoutez la crème, les raisins et laissez chauffer encore 5 minutes.

3 Pendant ce temps, faites dorer les amandes dans une poêle anti-adhésive chaude sans matière grasse. Servez le velouté dans des assiettes creuses et saupoudrez d'amandes dorées. Servez aussitôt.

Amuse-bouche au canard et melon

BOUCHÉS COCKTAIL • *Pour 6 personnes.*

DÉCONGÉLATION MELON EN BILLES : 6 HEURES AU RÉFRIGÉRATEUR
PRÉPARATION 10 MINUTES - CUISSON 25 MINUTES

Les surgelés

1 sachet d'aiguillettes de canard (250 g)
200 g de melon en billes

Chez l'épicier

10 g de beurre
whisky
sel, poivre

1 Plongez le sachet d'aiguillettes de canard pendant 15 minutes dans l'eau tiède. Pendant ce temps, versez les billes de melon sur une assiette.

2 Coupez les aiguillettes en deux dans la longueur en retirant le nerf central, puis en deux dans la largeur. Enroulez chaque tranche de canard autour d'une bille de melon et maintenez l'ensemble à l'aide d'une pique en bois. Salez et poivrez.

3 Faites sauter les billes de melon dans une poêle chaude avec le beurre pendant 5 minutes en les retournant à mi-temps. Faites flamber au whisky. Servez aussitôt.

Velouté de petits pois à l'aneth et aux Saint-Jacques

POUR CHANGER • *Pour 4 personnes.*

DÉCONGÉLATION NOIX DE SAINT-JACQUES : 30 MINUTES DANS UN MÉLANGE D'EAU ET DE LAIT AU RÉFRIGÉRATEUR
PRÉPARATION 5 MINUTES - CUISSON 40 MINUTES

Les surgelés

200 g de poireaux en rondelles
300 g de petits pois
200 g de noix de Saint-Jacques France sans corail
1/2 c. à soupe d'huile d'olive
1 c. à soupe d'aneth coupé

Chez l'épicier

20 g de beurre
1 cube de bouillon de légumes

1 Dans une casserole, faites revenir les poireaux avec le beurre pendant 10 minutes sans laisser colorer. Versez 1 litre d'eau, ajoutez le cube de bouillon de légumes. Faites cuire à couvert sur feu doux pendant 20 minutes. Ajoutez les petits pois. Poursuivez la cuisson 10 minutes, sans couvrir.

2 Pendant ce temps, faites poêler les noix de Saint-Jacques 2 minutes sur feu vif avec l'huile d'olive. Réservez.

3 Mixez les légumes. Filtrez et assaisonnez le potage. Répartissez-le dans des assiettes. Ajoutez les Saint-Jacques. Saupoudrez d'aneth et servez bien chaud.

Velouté de choux-fleurs au lard croustillant

TOUT PETIT PRIX • *Pour 4 personnes.*

SANS DÉCONGÉLATION
PRÉPARATION 15 MINUTES - CUISSON 35 MINUTES

Les surgelés

600 g de choux-fleurs en fleurettes
1 c. à soupe d'échalote coupée

Chez l'épicier

1 litre de lait demi-écrémé
4 tranches fines de lard fumé
1 pincée de noix de muscade râpée
sel, poivre blanc

1 Dans une grande casserole, portez le lait à ébullition avec un peu de sel. Ajoutez le chou-fleur et l'échalote. Laissez cuire 25 minutes à petits bouillons. Pendant ce temps, faites cuire les tranches de lard en les passant 2 minutes sous le gril du four jusqu'à ce qu'elles soient croustillantes.

2 Retirez le chou-fleur du feu, égouttez les fleurettes, mixez-les finement. Ajoutez la muscade. Poivrez et faites réchauffer quelques instants sur feu doux. Allongez la soupe avec un peu de lait si nécessaire. Versez dans des assiettes creuses et émiettez le lard sur le dessus. Servez aussitôt.

Soupe de fèves à la concassée de tomates

TOUT PETIT PRIX • *Pour 4 personnes.*

SANS DÉCONGÉLATION
PRÉPARATION 10 MINUTES - CUISSON 20 MINUTES

Les surgelés

50 g d'échalote coupée
1 c. à café de thym coupé
450 g de fèves pelées
100 g de cubes de tomates à l'italienne

Chez l'épicier

20 g de beurre
1 cube de bouillon de légumes
2 c. à soupe de crème fraîche épaisse
sel, poivre

1 Dans une casserole, faites fondre l'échalote avec le beurre et le thym pendant 5 minutes. Incorporez 50 cl d'eau, le cube de bouillon de légumes et les fèves. Faites cuire sur feu doux pendant 10 minutes dès la reprise de l'ébullition. Mixez le mélange avec la crème fraîche. Salez et poivrez. Réservez au chaud.

2 Faites tiédir les cubes de tomates à l'italienne. Répartissez la soupe chaude dans des assiettes. Parsemez de cubes de tomates. Accompagnez éventuellement de ciabattinas toastées et aillées. Servez aussitôt.

Crème de mojettes à la saucisse de Morteau

TOUT PETIT PRIX • *Pour 4 personnes.*

SANS DÉCONGÉLATION
PRÉPARATION 15 MINUTES - CUISSON 45 MINUTES

Les surgelés

300 g de mojettes de Vendée
100 g d'oignons émincés
10 g d'ail coupé
1 c. à café de thym coupé
1 c. à soupe de cerfeuil coupé

Chez l'épicier

1 saucisse de Morteau
1 c. à café de gros sel
1 bouquet garni
10 cl de crème liquide
sel, poivre

1 Dans une casserole, mélangez les mojettes, les oignons, l'ail, le thym, la saucisse de Morteau, le gros sel et le bouquet garni. Versez 50 cl d'eau, portez à ébullition et faites cuire 20 minutes sur feu doux. Égouttez la saucisse de Morteau et poursuivez la cuisson sur feu doux encore 25 minutes. Retirez le bouquet garni et mixez les légumes avec la crème liquide. Rectifiez l'assaisonnement et réservez au chaud.

2 Coupez la saucisse de Morteau en tranches très fines et faites-les griller à la poêle sans matière grasse. Disposez-les sur la soupe et saupoudrez de cerfeuil. Servez aussitôt.

Velouté d'artichaut au foie gras

POUR CHANGER • *Pour 4 personnes.*

SANS DÉCONGÉLATION
PRÉPARATION 10 MINUTES - CUISSON 35 MINUTES

Les surgelés

400 g de fonds d'artichauts
4 tranches de brioche pur beurre
1 c. à soupe d'huile d'olive
4 escalopes de foie gras de canard cru (140 g)

Chez l'épicier

20 cl de lait
10 cl de crème liquide
farine

1 Dans une casserole d'eau bouillante salée, faites cuire les fonds d'artichauts pendant 30 minutes, égouttez, puis mixez-les bien avec le lait. Ajoutez la crème et gardez au chaud sur feu doux. Coupez la brioche en bâtonnets et faites-les dorer à la poêle dans l'huile d'olive.

2 Farinez légèrement les escalopes de foie gras surgelées. Dans une poêle bien chaude, faites-les saisir 2 minutes sur chaque face.

3 Versez le velouté dans les assiettes. Parsemez de croûtons de brioche et disposez les escalopes sur le dessus. Servez aussitôt.

Croques Rösti

TOUT PETIT PRIX • *Pour 4 personnes.*

SANS DÉCONGÉLATION
PRÉPARATION 15 MINUTES - CUISSON 13 MINUTES

Les surgelés

8 röstiko's (galettes de pommes de terre)

Chez l'épicier

2 c. à soupe d'huile de tournesol
140 g d'emmental râpé
4 tranches de jambon blanc

1 Dans une grande poêle chaude, faites chauffer l'huile de tournesol. Faites-y cuire les röstiko's pendant 5 minutes de chaque côté sur feu moyen. Laissez reposer, puis coupez-les en deux dans le sens de l'épaisseur.

2 Préchauffez le four à 210 °C (th. 7). Étalez 100 g d'emmental râpé sur la moitié des röstiko's, couvrez d'une demi-tranche de jambon blanc. Refermez comme un croque-monsieur. Répartissez 40 g d'emmental sur le dessus.

3 Enfournez et laissez gratiner pendant 8 minutes. Servez chaud avec une salade de cœurs de laitue assaisonnée à l'huile d'olive et au citron.

Clafoutis de champignons des bois

PIQUE-NIQUE • *Pour 4 personnes.*

SANS DÉCONGÉLATION
PRÉPARATION 15 MINUTES - CUISSON 45 MINUTES

Les surgelés

150 g d'oignons émincés
300 g de mélange de champignons cuisinés
1 c. à soupe d'huile d'olive
1/2 c. à soupe d'ail coupé
1 c. à soupe de persil haché

Chez l'épicier

2 œufs
2 jaunes d'œufs
15 cl de crème liquide
5 cl de lait demi-écrémé
1 c. à soupe de parmesan râpé
sel, poivre

1 Préchauffez le four à 180 °C (th. 6). Dans une grande poêle, faites revenir les oignons émincés et le mélange de champignons avec l'huile d'olive pendant 10 minutes sur feu vif. Ajoutez l'ail. Mélangez bien. Salez et poivrez. Poursuivez la cuisson jusqu'à ce que le jus s'évapore totalement. Réservez.

2 Dans un saladier, fouettez les œufs avec les jaunes d'œufs. Ajoutez la crème, le lait, le parmesan râpé et le persil. Mélangez de nouveau. Salez et poivrez. Incorporez les champignons et les oignons.

3 Versez la préparation dans quatre ramequins à fond épais et enfournez 30 minutes sur une grille à mi-hauteur. Servez froid ou tiède avec une salade verte.

Foie gras poêlé aux girolles et aux abricots

REPAS RAFFINÉS • *Pour 2 personnes.*

SANS DÉCONGÉLATION
PRÉPARATION 10 MINUTES - CUISSON 15 MINUTES

Les surgelés

4 escalopes de foie gras
150 g de girolles
10 g d'échalote coupée
150 g d'oreillons d'abricots

Chez l'épicier

1 c. à soupe de miel liquide
1 c. à soupe de vinaigre balsamique
sel, poivre

1. Dans une poêle chaude, faites saisir les escalopes de foie gras 1 minute 30 de chaque côté. Salez et poivrez. Réservez les escalopes au chaud entre deux assiettes. Gardez la graisse de cuisson. Répartissez-la dans deux poêles.
2. Dans une poêle, faites cuire pendant 10 minutes les girolles avec l'échalote. Salez et poivrez. Dans l'autre, faites revenir les oreillons d'abricots pendant 10 minutes en les retournant à mi-temps. Ajoutez le miel et le vinaigre balsamique juste avant la fin. Servez avec les girolles et le foie gras.

Terrine de foie gras aux figues

GRANDES TABLÉS • *Pour 8 personnes.*

DÉCONGÉLATION LOBE DE FOIE GRAS : 1 HEURE AVEC SON SACHET DANS L'EAU TIÈDE
MARINADE 2 HEURES - PRÉPARATION 15 MINUTES - CUISSON 1 HEURE

Les surgelés

1 foie gras de canard cru (400 g)
200 g de figues en quartiers

Chez l'épicier

2 c. à café rases de sel
1 c. à café rase de poivre moulu
1 c. à soupe d'armagnac
20 g de beurre doux

1. Assaisonnez le foie gras décongelé avec le sel, le poivre et l'armagnac. Laissez-le mariner sur une assiette pendant 2 heures au réfrigérateur.
2. Pendant ce temps, faites fondre le beurre dans une poêle anti-adhésive. Faites-y cuire les figues sur feu moyen pendant 15 minutes en les retournant à mi-temps et jusqu'à réduction complète du liquide de cuisson. Salez et poivrez. Laissez refroidir.
3. Tranchez le foie gras en trois parts égales dans le sens de la longueur. Dans une terrine de 50 cl de contenance, déposez un tiers du foie gras en l'étalant bien, ajoutez la moitié des figues côté peau vers le bas, renouvelez l'opération en terminant par le foie gras. Refermez la terrine avec son couvercle, puis entourez-la de plusieurs épaisseurs de film alimentaire.
4. Faites cuire la terrine 45 minutes à la vapeur. Laissez refroidir. Placez-la au réfrigérateur 24 heures minimum avant de la servir démoulée et coupée en tranches.

Makis de saumon aux aubergines

RIEN À CUIRE • *Pour 4 personnes.*

DÉCONGÉLATION TARTARES DE SAUMON ET AUBERGINES : 4 HEURES AU RÉFRIGÉRATEUR
PRÉPARATION 10 MINUTES - SANS CUISSON

Les surgelés

4 c. à soupe d'huile d'olive
2 c. à soupe de coriandre coupée
4 tartares de saumon
300 g d'aubergines grillées en tranches

Chez l'épicier

2 c. à soupe d'huile de noix
4 c. à soupe de sauce soja
1 citron vert
1 c. à soupe de graines de sésame

1 Préparez la sauce en mélangeant l'huile d'olive, l'huile de noix, la sauce soja, la coriandre et 2 c. à soupe de jus de citron vert.
2 Faites dorer les graines de sésame quelques secondes dans une poêle bien chaude sans matière grasse.
3 Disposez une quenelle de tartare de saumon sur chaque tranche d'aubergine grillée et roulez-les bien serrées comme des cannellonis. Coupez-les en deux ou trois morceaux selon la taille. Saupoudrez de sésame. Arrosez de sauce ou proposez-la à part. Servez aussitôt.

Petits artichauts à la menthe et au parmesan

RECETTE VÉGÉTARIENNE • *Pour 4 personnes.*

SANS DÉCONGÉLATION
PRÉPARATION 15 MINUTES - CUISSON 35 MINUTES

Les surgelés

1 c. à soupe d'ail coupé
1 c. à soupe de thym coupé
2 c. à soupe de persil haché
300 g de cœurs d'artichauts coupés
6 c. à soupe d'huile d'olive vierge extra
2 c. à soupe de menthe coupée

Chez l'épicier

10 cl de vinaigre de cidre
10 cl de vin blanc sec
1/2 c. à café de fleur de sel
1 pincée de poivre mignonnette
1 c. à soupe de vinaigre balsamique
70 g de parmesan en bloc

1 Dans une grande casserole, mélangez 50 cl d'eau, le vinaigre de cidre, le vin blanc, l'ail, le thym, le persil et le sel. Plongez les cœurs d'artichauts dans la casserole. Portez à ébullition, baissez le feu, puis laissez cuire 30 minutes à petits frémissements en remuant de temps en temps. Ajoutez le poivre à mi-cuisson.

2 Dans un plat creux, mélangez l'huile d'olive avec la menthe. Égouttez les artichauts et déposez-les dans le plat. Laissez refroidir, puis ajoutez le vinaigre balsamique. Remuez, puis disposez sur le dessus des copeaux de parmesan. Servez froid ou tiède.

Tartines de guacamole au crabe

PIQUE-NIQUE • *Pour 6 personnes.*

DÉCONGÉLATION GUACAMOLE ET CHAIR DE CRABE : 12 HEURES AU RÉFRIGÉRATEUR
PRÉPARATION 5 MINUTES - CUISSON 10 MINUTES

Les surgelés

6 ciabattinas (petits pains italiens)
120 g de chair de crabe Royal du Chili
1 pot de guacamole nature (250 g)

1 Préchauffez le four à 210 °C (th. 7). Enfournez les ciabattinas pendant 10 minutes. Pendant ce temps, émiettez la chair de crabe et mélangez-la délicatement au guacamole.

2 Laissez refroidir les petits pains et coupez-les en deux dans l'épaisseur. Tartinez-les généreusement du mélange crabe et guacamole. Accompagnez d'une salade assaisonnée d'huile d'olive citronnée.

Quiches et tartes

Tartelettes poireaux et langoustines

POUR CHANGER • *Pour 6 personnes.*

DÉCONGÉLATION PÂTE FEUILLETÉE :
2 HEURES À TEMPÉRATURE AMBIANTE
DANS LE FILM PLASTIQUE
PRÉPARATION 20 MINUTES - CUISSON 25 MINUTES

Les surgelés

6 langoustines
250 g de pâte feuilletée pur beurre
450 g de poireaux coupés à la crème
4 c. à soupe d'huile d'olive

Chez l'épicier

1/2 c. à café de cumin en poudre
1 citron
beurre
farine
sel

1 Préchauffez le four à 210 °C (th. 7). Sortez les langoustines du congélateur. Etalez la pâte décongelée et garnissez-en six moules à tartelettes beurrés et farinés. Piquez la pâte avec une fourchette et enfournez 10 minutes.

2 Pendant ce temps, faites fondre les poireaux à la crème avec le cumin sur feu doux. Laissez cuire sur feu doux jusqu'à ce qu'ils soient bien secs. Ôtez du feu. Mélangez l'huile d'olive, le jus du citron et une pointe de sel. Déposez les langoustines dans ce mélange.

3 Répartissez les poireaux sur le fond de pâte. Sur chaque tartelette, disposez une langoustine surgelée. Enfournez pendant 15 minutes. Accompagnez d'une salade verte assaisonnée d'huile d'olive et de citron.

SUGGESTION PICARD
Vous pouvez aussi préparer une grande tarte. Dans ce cas, comptez 20 minutes de cuisson finale.

Quiche au chèvre et au basilic

TOUT PETIT PRIX • *Pour 6 personnes.*

DÉCONGÉLATION PÂTE BRISÉE PRÉ-ÉTALÉE :
2 HEURES À TEMPÉRATURE AMBIANTE
DANS LE PAPIER DE CUISSON
PRÉPARATION 20 MINUTES - CUISSON 35 MINUTES

Les surgelés

1 pâte brisée pur beurre pré-étalée
50 g de basilic coupé
200 g de sauce tomate

Chez l'épicier

150 g de fromage de chèvre demi-sec
4 œufs
20 cl de crème liquide
sel, poivre

1 Préchauffez le four à 210 °C (th. 7). Déroulez la pâte brisée décongelée et garnissez-en un moule à tarte beurré.

2 Émiettez le fromage de chèvre. Dans un saladier, fouettez les œufs avec la crème liquide, le basilic et 100 g de chèvre émietté. Salez et poivrez. Versez le mélange sur la pâte. Saupoudrez le reste de fromage sur le dessus de la quiche. Enfournez. Laissez cuire 35 minutes.

3 Versez la sauce tomate dans une casserole et faites-la décongeler 2 minutes sur feu doux. Servez la quiche chaude ou tiède avec la sauce tomate froide.

SUGGESTION PICARD
Vous pouvez aussi préparer six tartelettes individuelles. Dans ce cas, réduisez la cuisson finale de 5 minutes.

Cake aux légumes d'été

TOUT PETIT PRIX • *Pour 8 personnes.*

SANS DÉCONGÉLATION
PRÉPARATION 5 MINUTES - CUISSON 45 MINUTES

Les surgelés

1 bol vapeur brocolis, choux-fleurs, carottes

1 bol vapeur petits pois, choux-fleurs, poivrons rouges

250 g de sauce tomate

Chez l'épicier

250 g de farine

3 œufs

20 cl de lait

5 cl de crème fraîche

1 sachet de levure chimique

1 c. à café de sel rase

beurre

farine

1 Préchauffez le four à 210 °C (th. 7). Dans un saladier, mélangez la farine avec les œufs entiers, le lait, la crème, la levure chimique et le sel. Ajoutez le contenu des bols de légumes, mélangez bien et versez dans un moule à cake beurré et fariné d'une contenance d'un litre.

2 Enfournez 45 minutes en couvrant le dessus si besoin à mi-temps avec une feuille de papier aluminium. Laissez refroidir à température ambiante.

3 Versez la sauce tomate dans une casserole et faites-la décongeler 2 minutes sur feu doux. Servez tiède ou froid avec la sauce tomate. Vous pouvez aussi parfumer le cake avec du cerfeuil, de la ciboulette ou du persil.

Quiche aux petits pois, aux poivrons et au roquefort

TOUT PETIT PRIX • *Pour 6 personnes.*

DÉCONGÉLATION PÂTE BRISÉE PRÉ-ÉTALÉE :
2 HEURES À TEMPÉRATURE AMBIANTE
DANS LE PAPIER DE CUISSON
PRÉPARATION 15 MINUTES - CUISSON 30 MINUTES

Les surgelés

2 bols vapeur petits pois, choux-fleurs, poivrons rouges

1 pâte brisée pré-étalée

Chez l'épicier

3 œufs

100 g de roquefort

20 cl de crème liquide

sel, poivre

1 Préchauffez le four à 210 °C (th. 7). Faites cuire chaque bol vapeur pendant 4 minutes au four à micro-ondes. Rafraîchissez et égouttez les légumes. Déroulez la pâte brisée et garnissez-en un moule à tarte. Faites cuire à blanc 5 minutes.

2 Pendant ce temps, battez bien ou mixez les œufs avec le roquefort et la crème liquide. Ajoutez les légumes. Salez et poivrez. Versez la préparation sur la pâte. Enfournez 25 minutes. Servez tiède avec une salade frisée.

Tatin de tomate et artichaut aux olives

POUR CHANGER • *Pour 6 personnes.*

DÉCONGÉLATION PÂTE BRISÉE PRÉ-ÉTALÉE :
2 HEURES À TEMPÉRATURE AMBIANTE
DANS LE PAPIER DE CUISSON
PRÉPARATION 20 MINUTES - CUISSON 1 HEURE 10

Les surgelés

450 g de cœurs d'artichauts
1 c. à soupe d'échalote coupée
1 c. à café d'ail coupé
1 c. à café de thym coupé
300 g de cubes de tomates à l'italienne
1 c. à soupe d'huile d'olive
1 pâte brisée pré-étalée

Chez l'épicier

10 cl de vin blanc sec
50 g d'olives noires dénoyautées et coupées
90 g de parmesan râpé
huile
sel, poivre

1 Préchauffez le four à 210 °C (th. 7). Huilez un moule à tarte de 28 cm de diamètre et disposez-y les cœurs d'artichauts coupés. Salez et poivrez. Parsemez l'échalote, l'ail, le thym et les cubes de tomates. Arrosez avec le vin et l'huile d'olive.

2 Enfournez 30 minutes. Sortez le moule du four et laissez refroidir. Baissez la température du four à 180 °C (th. 6). Disposez les olives sur le dessus de la tarte, saupoudrez 30 g de parmesan et couvrez avec la pâte déroulée. Piquez-la avec une fourchette et enfoncez les bords à l'intérieur du moule. Enfournez 40 minutes. Retournez la tarte sur une assiette, saupoudrez 60 g de parmesan et servez.

Suggestion Picard

Vous pouvez aussi préparer six Tatins individuelles. Dans ce cas, réduisez la cuisson de 10 minutes.

Tarte paysanne aux girolles

SIMPLISSIME • *Pour 6 personnes.*

DÉCONGÉLATION PÂTE BRISÉE PRÉ-ÉTALÉE :
2 HEURES À TEMPÉRATURE AMBIANTE
DANS LE PAPIER DE CUISSON
PRÉPARATION 15 MINUTES - CUISSON 35 MINUTES

Les surgelés

150 g d'oignons en cubes
300 g de girolles
1 c. à soupe d'ail coupé
1 pâte brisée pré-étalée
50 g de lardons en dés

Chez l'épicier

30 g de beurre
2 œufs
5 cl de lait
15 cl de crème fraîche épaisse
farine
sel, poivre

1 Dans une poêle, faites revenir les oignons en cubes avec 20 g de beurre pendant 5 minutes. Ajoutez les girolles et l'ail. Salez et poivrez. Poursuivez la cuisson pendant 5 minutes. Laissez tiédir.

2 Préchauffez le four à 210 °C (th. 7). Garnissez de pâte un moule à tarte beurré et fariné, piquez la pâte et faites cuire à blanc pendant 10 minutes.

3 Faites blanchir les lardons et égouttez-les. Fouettez les œufs, le lait et la crème. Salez et poivrez. Sur la pâte, répartissez les girolles, les lardons, la préparation aux œufs. Enfournez 25 minutes. Servez bien chaud accompagné d'une salade verte.

Suggestion Picard

Vous pouvez aussi préparer six tartelettes individuelles. Dans ce cas, réduisez la cuisson finale de 5 minutes.

Salades et légumes

Terrines de cèpes et girolles, chutney de rhubarbe

POUR CHANGER • *Pour 4 personnes.*

SANS DÉCONGÉLATION
PRÉPARATION 10 MINUTES - CUISSON 1 HEURE 05

Les surgelés

2 c. à soupe de gingembre coupé
400 g de rhubarbe en morceaux
2 c. à soupe d'huile d'olive
1 c. à soupe d'ail coupé
3 c. à soupe d'échalote coupée
200 g de girolles
200 g de jeunes cèpes coupés ou de cèpes émincés
1 c. à soupe d'estragon coupé
3 c. à soupe de ciboulette coupée

Chez l'épicier

10 cl de vinaigre de cidre
120 g de sucre en poudre
10 g de beurre
20 cl de crème liquide
2 œufs
sel, poivre

1 Préparez le chutney : dans une casserole, versez le vinaigre de cidre, le sucre, le gingembre, la rhubarbe et laissez cuire sur feu moyen 45 minutes jusqu'à épaississement. Salez et poivrez. Laissez refroidir.

2 Dans une poêle, faites chauffer l'huile d'olive, l'ail et l'échalote. Faites-y sauter les girolles et les cèpes jusqu'à complète évaporation.

3 Préchauffez le four à 180 °C (th. 6). Beurrez quatre ramequins et répartissez les champignons dedans. Fouettez la crème liquide, les œufs entiers, l'estragon et la ciboulette. Salez et poivrez. Versez le mélange dans les ramequins. Enfournez 20 minutes au bain-marie. Servez les terrines tièdes avec le chutney de rhubarbe.

Petites crêpes de marrons

TOUT PETIT PRIX • *Pour 4 personnes.*

SANS DÉCONGÉLATION
PRÉPARATION 10 MINUTES - CUISSON 15 MINUTES

Les surgelés

600 g de purée de marrons
3 c. à soupe d'huile d'olive
1 c. à café de coriandre coupée

Chez l'épicier

30 g de farine
4 œufs
1 c. à café de cannelle en poudre
2 pincées de noix de muscade râpée
sel, poivre

1 Dans une casserole, faites décongeler la purée sur feu doux avec 2 c. à soupe d'huile d'olive. Ajoutez la farine tamisée, puis 2 œufs en remuant vivement. Sans cesser de remuer, ajoutez le blanc des 2 œufs restants. Salez et poivrez. Incorporez la cannelle, la coriandre et la noix de muscade.

2 Faites chauffer 1 c. à soupe d'huile d'olive dans une poêle sur feu vif, versez la moitié de la purée répartie en quatre crêpes. Laissez cuire 1 minute sur chaque face et réservez au chaud le temps de renouveler l'opération.

Salade de poulet noir et de légumes à l'estragon

TOUT PETIT PRIX • *Pour 4 personnes.*

SANS DÉCONGÉLATION
PRÉPARATION 10 MINUTES - CUISSON 10 MINUTES

Les surgelés

2 escalopes de poulet noir surgelées
6 c. à soupe d'huile d'olive
1 c. à soupe d'estragon coupé
2 bols vapeur brocolis, choux-fleurs et carottes
1 c. à soupe d'échalote coupée
2 c. à soupe d'estragon coupé

Chez l'épicier

2 c. à soupe de vinaigre de xérès
sel, poivre

1. Badigeonnez les escalopes de poulet noir d'huile d'olive et saupoudrez-les d'estragon. Faites-les cuire 10 minutes dans une poêle bien chaude.
2. Pendant ce temps, faites cuire chaque bol vapeur au four à micro-ondes pendant 4 minutes. Rafraîchissez les légumes. Émincez les escalopes de poulet et mélangez-les aux légumes égouttés.
3. Assaisonnez avec 4 c. à soupe d'huile d'olive, le vinaigre de xérès, l'échalote et l'estragon. Salez et poivrez. Réservez au frais 2 heures avant de servir.

Légumes grillés marinés au citron et aux herbes

TOUT PETIT PRIX • *Pour 4 personnes.*

DÉCONGÉLATION MÉLANGE DE LÉGUMES GRILLÉS : 4 HEURES AU RÉFRIGÉRATEUR (À PLAT)
MARINADE 3 HEURES - PRÉPARATION 10 MINUTES - SANS CUISSON

Chez Picard

600 g de mélange de légumes grillés
5 c. à soupe d'huile d'olive
1 c. à soupe de menthe douce coupée
1 c. à soupe de basilic coupé
1 c. à soupe de persil haché
4 ciabattinas

Chez l'épicier

1 citron
70 g de pignons de pin
sel, poivre

1. Coupez les légumes décongelés en larges bandes. Dans un grand saladier, fouettez le jus du citron et l'huile d'olive. Salez et poivrez. Ajoutez les légumes, saupoudrez de menthe douce, de basilic et de persil. Mélangez bien, couvrez et laissez mariner 3 heures au frais.
2. Faites dorer 70 g de pignons de pin dans une poêle sans matière grasse. Répartissez les légumes et les pignons dans des coupelles de service. Servez avec des tranches de ciabattinas toastées.

Salade de fruits de mer à la méridionale

RIEN À CUIRE • *Pour 6 personnes.*

DÉCONGÉLATION POÊLÉE À LA MÉRIDIONALE ET COCKTAIL DE FRUITS DE MER : LA VEILLE AU RÉFRIGÉRATEUR DANS UNE PASSOIRE
PRÉPARATION 5 MINUTES - SANS CUISSON

Les surgelés

500 g de poêlée à la méridionale
500 g de cocktail de fruits de mer cuits
3 c. à soupe d'huile d'olive
3 c. à soupe de mélange d'herbes pour salades

Chez l'épicier

1 citron
1 c. à soupe de vinaigre de xérès
sel, poivre

1 Dans un saladier, mélangez la poêlée de légumes, son sachet d'épices et le cocktail de fruits de mer bien égoutté.

2 Ajoutez 3 c. à soupe de jus de citron, le vinaigre de xérès, l'huile d'olive et les herbes pour salades. Salez et poivrez. Mélangez bien. Servez bien frais.

Salade de riz à l'indienne

GRANDES TABLÉS • *Pour 6 personnes.*

SANS DÉCONGÉLATION
PRÉPARATION 10 MINUTES - CUISSON 20 MINUTES
REPOS 1 HEURE

Les surgelés

600 g de riz basmati cuisiné à l'huile d'olive et aux petits légumes
2 c. à soupe de ciboulette coupée
400 g de bouchées de poulet tikka

Chez l'épicier

3 c. à soupe de mayonnaise
1 citron
2 c. à café de curry en poudre
100 g de raisins secs
sel, poivre

1 Préchauffez le four à 210 °C (th. 7). Dans un saladier, mélangez la mayonnaise avec 2 c. à soupe de jus de citron et le curry. Ajoutez le riz surgelé, la ciboulette et mélangez bien. Placez les raisins secs dans un bol et recouvrez-les d'eau tiède.

2 Disposez les bouchées de poulet dans un plat et enfournez 20 minutes. Sortez du four, versez 3 c. à soupe d'eau dans le plat pour déglacer le jus. Coupez le poulet en petits dés. Versez-les avec le jus de cuisson sur le riz. Ajoutez les raisins égouttés. Mélangez. Salez et poivrez. Laissez reposer 1 heure à température ambiante avant de servir.

Clafoutis de fèves au parmesan

SIMPLISSIME • *Pour 4 personnes.*

SANS DÉCONGÉLATION
PRÉPARATION 10 MINUTES - CUISSON 45 MINUTES

Les surgelés

450 g de fèves extra-fines
2 c. à soupe de basilic coupé

Chez l'épicier

6 œufs
20 cl de lait entier
60 g de parmesan râpé
1 c. à soupe de farine tamisée
beurre
sel, poivre

1 Préchauffez le four à 160 °C (th. 5-6). Beurrez généreusement un moule à gratin. Répartissez les fèves dans le fond. Battez ensemble les œufs, le lait entier, le parmesan râpé, la farine tamisée et le basilic. Salez légèrement et poivrez.

2 Versez la préparation précédente sur les fèves et enfournez. Laissez cuire 45 minutes. Servez tiède éventuellement avec de la sauce tomate.

Carpaccio d'artichauts à la mimolette vieille

RIEN À CUIRE • *Pour 6 personnes.*

DÉCONGÉLATION FONDS D'ARTICHAUTS : 1 HEURE À TEMPÉRATURE AMBIANTE
PRÉPARATION 20 MINUTES - SANS CUISSON

Les surgelés

3 c. à soupe d'huile d'olive
300 g de fonds d'artichauts
1 c. à café de thym coupé

Chez l'épicier

1 c. à café de moutarde au vinaigre balsamique
1 c. à soupe de vinaigre de vin
80 g de mimolette vieille
sel, poivre

1 Mélangez la moutarde et le vinaigre. Salez et poivrez. Ajoutez l'huile d'olive.
2 Détaillez les fonds d'artichauts partiellement décongelés en copeaux à l'aide d'un couteau économe. Répartissez-les sur les assiettes et arrosez-les de vinaigrette. Ajoutez la mimolette vieille taillée en copeaux à l'aide du couteau économe. Saupoudrez de thym. Servez aussitôt.

Tortilla de courgettes à la coriandre

GRANDES TABLÉS • *Pour 6 personnes.*

SANS DÉCONGÉLATION
PRÉPARATION 15 MINUTES - CUISSON 45 MINUTES

Les surgelés

200 g d'oignons émincés
3 c. à soupe d'huile d'olive
600 g de courgettes en rondelles
2 c. à soupe de coriandre coupée
1 c. à soupe de menthe douce coupée

Chez l'épicier

8 œufs
sel, poivre

1 Faites dorer les oignons dans une grande poêle avec 2 c. à soupe d'huile d'olive. Ajoutez les courgettes et versez 10 cl d'eau. Salez et poivrez. Laissez cuire 30 minutes sur feu moyen et à couvert. Retirez le couvercle et poursuivez la cuisson pendant 5 minutes.
2 Battez les œufs en omelette. Incorporez les courgettes, la coriandre et la menthe. Salez et poivrez. Versez le mélange dans une poêle chaude avec 1 c. à soupe d'huile d'olive, laissez cuire 3 à 4 minutes sur feu vif, puis 10 minutes sur feu doux.
3 Transvasez l'omelette dans un plat à four. Passez-la 2 minutes sous le gril, porte du four ouverte, pour saisir le dessus. Servez tiède ou froid avec une salade verte bien relevée.

Salade de langoustines aux deux agrumes

EXPRESS • *Pour 4 personnes.*

DÉCONGÉLATION SALADE D'AGRUMES : 3 HEURES AU RÉFRIGÉRATEUR (À PLAT)
PRÉPARATION 15 MINUTES - CUISSON 2 MINUTES

Les surgelés

2 portions de court-bouillon
300 g de queues de langoustines crues
200 g de salade d'agrumes (orange, pamplemousse rose)
2 c. à soupe d'huile d'olive

Chez l'épicier

sel, poivre

1 Dans une casserole d'eau additionnée de court-bouillon, ébouillantez les queues de langoustines 2 minutes, égouttez-les et rafraîchissez-les.
2 Égouttez la salade d'agrumes, prélevez 3 quartiers d'oranges et 3 de pamplemousses, puis écrasez-les au tamis pour en récupérer le jus. Mélangez-le à l'huile d'olive. Salez et poivrez. Décortiquez les queues de langoustines.
3 Disposez les agrumes dans des coupelles de service, les langoustines dessus et répartissez l'huile aux agrumes. Servez aussitôt.

Salade tiède de poulet à la mangue

POUR CHANGER • *Pour 4 personnes.*

DÉCONGÉLATION ESCALOPES DE POULET ET MANGUES EN TRANCHES : 5 HEURES AU RÉFRIGÉRATEUR
MARINADE 15 MINUTES - PRÉPARATION 10 MINUTES - CUISSON 6 MINUTES

Les surgelés

4 c. à soupe d'échalote coupée
4 c. à soupe d'huile d'olive
4 escalopes de poulet
225 g de mangues en tranches
2 c. à soupe de menthe douce coupée

Chez l'épicier

2 c. à soupe de sauce soja
1 citron vert
1 c. à soupe de sucre roux en poudre
150 g de roquette
sel, poivre

1 Dans un saladier, mélangez l'échalote, la sauce soja, 2 c. à soupe de jus de citron vert, l'huile d'olive et le sucre roux. Salez et poivrez. Disposez les escalopes de poulet et les mangues dans cette préparation et laissez mariner 15 minutes.
2 Lavez et essorez la roquette. Égouttez les mangues et les escalopes en réservant la marinade.
3 Faites poêler les escalopes de poulet 3 minutes de chaque côté. Réservez et coupez-les en tranches. Mélangez la roquette avec la marinade, la mangue et le poulet. Saupoudrez de menthe. Servez aussitôt.

Tortilla aux girolles et aux pommes de terre

TOUT PETIT PRIX • *Pour 4 personnes.*

SANS DÉCONGÉLATION
PRÉPARATION 10 MINUTES - CUISSON 23 MINUTES

Les surgelés

200 g de poêlée à la sarladaise
125 g de girolles
1 c. à soupe de ciboulette coupée

Chez l'épicier

6 œufs
2 c. à soupe de lait
50 g de parmesan râpé
sel, poivre

1 Dans une poêle anti-adhésive, faites sauter la poêlée à la sarladaise pendant 5 minutes. Ajoutez les girolles. Salez et poivrez. Poursuivez la cuisson pendant 8 minutes. Saupoudrez de ciboulette.

2 Fouettez les œufs avec le lait. Versez le mélange sur les légumes. Laissez cuire 5 minutes à couvert et sur feu moyen. Saupoudrez de parmesan. Couvrez et poursuivez la cuisson 5 minutes sur feu doux. Faites glisser la tortilla sur une assiette. Servez tiède ou froid.

Flan de légumes grillés

RECETTE VÉGÉTARIENNE • *Pour 6 personnes.*

DÉCONGÉLATION LÉGUMES GRILLÉS : 5 MINUTES DANS UN FOUR CHAUFFÉ À 210 °C (TH. 7)
PRÉPARATION 20 MINUTES - CUISSON 50 MINUTES

Les surgelés

300 g d'aubergines grillées
300 g de poivrons grillés
100 g de sauce tomate
2 c. à soupe de basilic coupé
6 petits pains de campagne

Chez l'épicier

2 c. à soupe de crème fraîche épaisse
4 œufs
huile
sel, poivre

1 Préchauffez le four à 180 °C (th. 6). Huilez un moule à cake et tapissez-le avec les aubergines grillées recoupées en deux.
2 Faites décongeler la sauce tomate 2 minutes dans une casserole sur feu doux. Mixez les poivrons grillés avec la sauce tomate (et les aubergines, s'il vous en reste). Ajoutez la crème fraîche épaisse, les œufs et le basilic. Salez et poivrez.
3 Versez dans le moule à cake et faites cuire au four 50 minutes dans un bain-marie. Laissez refroidir et réservez au moins 6 heures au réfrigérateur avant de servir avec des petits pains de campagne tranchés et toastés.

Beignets d'aubergines au miel et à la menthe

TOUT PETIT PRIX • *Pour 6 personnes.*

SANS DÉCONGÉLATION
PRÉPARATION 15 MINUTES - CUISSON 2 MINUTES PAR BEIGNET

Les surgelés

30 cl d'huile d'olive
600 g d'aubergines grillées en tranches
2 c. à soupe de menthe douce coupée

Chez l'épicier

200 g de farine
1/4 de c. à café de sel
20 cl de bière
3 œufs
80 g de miel liquide

1 Mélangez la farine et le sel. Ajoutez la bière et les œufs entiers.
2 Dans une poêle, faites chauffer l'huile d'olive. Plongez les tranches d'aubergines dans la pâte, puis dans l'huile jusqu'à ce qu'elles deviennent dorées en comptant 1 minute de chaque côté. Égouttez.
3 Dans une casserole, faites chauffer le miel sur feu doux et arrosez-en les aubergines posées bien à plat. Décorez avec des feuilles de menthe et servez tiède.

Salade de fèves et homard à l'huile de vanille

POUR CHANGER • *Pour 4 personnes.*

DÉCONGÉLATION HOMARDS : 1 HEURE
AVEC LEUR SACHET DANS L'EAU TIÈDE
PRÉPARATION 25 MINUTES - CUISSON 5 MINUTES

Les surgelés

2 homards entiers cuits
450 g de fèves extra-fines
1 c. à soupe de mélange d'herbes pour poissons

Chez l'épicier

1 grosse poignée de raisins secs
4 c. à soupe d'huile de pépins de raisin
1 c. à soupe de vinaigre balsamique
1 gousse de vanille
1 citron
sel, poivre

1 Retirez la chair des pattes des homards décongelés, réservez. Coupez les queues en deux dans la longueur. Dans une casserole d'eau bouillante salée, faites cuire les fèves pendant 5 minutes. Déposez les raisins dans une passoire et plongez-la dans l'eau de la casserole pendant 30 secondes. Retirez et réservez-les. Égouttez les fèves, réservez.

2 Dans un saladier, préparez la vinaigrette en fouettant la moitié de l'huile de pépins de raisin, le vinaigre balsamique et le mélange d'herbes pour poissons. Salez et poivrez. Ajoutez les fèves, les raisins et mélangez.

3 Dans les assiettes, répartissez les fèves, puis disposez une demi-queue de homard et la chair des pattes. Grattez la gousse de vanille avec la pointe d'un couteau pour récupérer les graines. Arrosez les queues de homards avec le reste d'huile additionné des graines de vanille et de quelques gouttes de jus de citron. Servez bien frais.

Poissons et fruits de mer

Sole de la mer du Nord aux parfums anisés

REPAS RAFFINÉS • *Pour 4 personnes.*

DÉCONGÉLATION FILETS DE SOLE : 2 HEURES DANS UN MÉLANGE D'EAU ET DE LAIT AU RÉFRIGÉRATEUR
PRÉPARATION 10 MINUTES - CUISSON 20 MINUTES

Les surgelés

450 g de brunoise de légumes
4 c. à soupe d'échalote coupée
8 filets de sole mer du Nord
1 c. à soupe d'aneth coupé

Chez l'épicier

60 g de beurre
20 cl de vin blanc fruité
1 bâton de cannelle
3 anis étoilés (badiane)
20 cl de crème liquide

1 Préchauffez le four à 210 °C (th. 7). Dans une casserole, faites cuire la brunoise de légumes avec 20 g de beurre, la moitié de l'échalote et 5 cl d'eau pendant 5 minutes. Salez et poivrez.

2 Disposez les filets de sole dans un plat à four. Salez et poivrez légèrement. Répartissez au centre de chacun un peu de brunoise de légumes. Repliez les deux extrémités dessus en les chevauchant. Retournez-les délicatement et enfournez 10 minutes.

3 Pendant ce temps, faites suer le reste d'échalote dans une casserole avec 10 g de beurre. Arrosez avec 10 cl d'eau et le vin blanc. Ajoutez la cannelle, la badiane et laissez réduire de moitié. Incorporez la crème et faites réduire jusqu'à l'obtention d'une consistance légèrement épaisse. Salez et poivrez. Ajoutez l'aneth et 30 g de beurre et émulsionnez la sauce au fouet. Servez les filets nappés de sauce et accompagnés de la brunoise restante.

Filets d'empereur aux oignons confits et aux girolles

POUR CHANGER • *Pour 4 personnes.*

DÉCONGÉLATION FILETS D'EMPEREUR : 2 HEURES DANS UN MÉLANGE D'EAU ET DE LAIT AU RÉFRIGÉRATEUR
PRÉPARATION 15 MINUTES - CUISSON 25 MINUTES

Les surgelés

200 g de petits oignons blancs entiers
300 g de girolles
2 c. à soupe d'huile d'olive
600 g de filets d'empereur

Chez l'épicier

20 g de raisins secs
10 cl de porto
50 g de beurre
sel, poivre

1 Faites gonfler les raisins dans le porto. Dans une casserole, faites confire sur feu doux les petits oignons et les raisins égouttés avec 30 g de beurre pendant 10 minutes. Versez le porto et faites réduire jusqu'à consistance légèrement épaisse.

2 Préchauffez le four à 180 °C (th. 6). Dans une poêle avec le beurre restant, faites cuire les girolles 10 minutes puis déposez-les dans un plat à four.

3 Dans la même poêle avec l'huile d'olive chaude, faites saisir les filets d'empereur 1 minute de chaque côté, puis posez-les sur les girolles. Salez et poivrez. Enfournez 5 minutes. Servez aussitôt avec les raisins et les oignons confits chauds.

Flétan pané à l'avoine, purée d'oignons verte

POUR CHANGER • *Pour 4 personnes.*

DÉCONGÉLATION FILETS DE FLÉTAN : 6 HEURES AU RÉFRIGÉRATEUR
PRÉPARATION 15 MINUTES - CUISSON 20 MINUTES

Les surgelés

450 g d'oignons en cubes
800 g de filets de flétan du Groenland
1/2 boîte de cerfeuil coupé
1/2 boîte de persil haché
1/2 boîte de ciboulette coupée

Chez l'épicier

20 g de beurre
10 cl de vin blanc sec
1 pincée de noix de muscade râpée
3 c. à soupe de crème fraîche
200 g de flocons d'avoine
2 œufs battus
150 g de farine
10 cl d'huile d'olive
1/2 citron
sel, poivre

1 Dans une casserole, faites revenir les oignons avec le beurre fondu 10 minutes à couvert. Versez le vin et 10 cl d'eau. Ajoutez les herbes et la muscade. Poursuivez la cuisson 5 minutes à découvert. Ajoutez la crème. Salez et poivrez. Mixez.

2 Versez les flocons dans une assiette, les œufs dans une autre et la farine dans une troisième. Passez successivement les filets dans les 3 assiettes. Poêlez-les avec l'huile 3 minutes de chaque côté. Baissez le feu, couvrez et laissez cuire 2 minutes de chaque côté. Arrosez de jus de citron. Servez avec la purée.

Pastilla au merlu et aux crevettes

ÉVASION • *Pour 6 personnes.*

DÉCONGÉLATION DOS DE MERLU ET QUEUES DE GAMBAS : 6 HEURES AU RÉFRIGÉRATEUR
PRÉPARATION 20 MINUTES - CUISSON 40 MINUTES

Les surgelés

600 g de dos de merlu blanc
500 g de queues de crevettes crues décortiquées
2 c. à soupe d'huile d'olive
200 g d'oignons émincés
3 c. à soupe de coriandre coupée
1/2 c. à café de gingembre coupé

Chez l'épicier

6 olives vertes dénoyautées et concassées
1/2 citron confit coupé en petits dés
1/2 citron
1 pincée de piment moulu
10 feuilles de brik
100 g de beurre
sucre glace
cannelle en poudre
sel, poivre

1 Préchauffez le four à 180 °C (th. 6). Poêlez le merlu et les crevettes dans l'huile chaude. Salez et poivrez. Hachez la chair du poisson et des crevettes au couteau. Dans la même poêle, faites revenir les oignons avec le poisson, les crevettes, les olives, le citron confit, le jus du citron, la coriandre, le piment et le gingembre. Laissez cuire 5 minutes.

2 Badigeonnez les feuilles de brik de beurre fondu. Posez une feuille au centre d'un moule, ajoutez sept feuilles en rosace. Étalez la farce au centre. Couvrez avec deux feuilles et rabattez les feuilles du dessous au centre. Enfournez 30 minutes. Saupoudrez de sucre glace et de cannelle.

Lotte rôtie et mousse d'asperges

REPAS RAFFINÉS • *Pour 6 personnes.*

SANS DÉCONGÉLATION
PRÉPARATION 15 MINUTES - CUISSON 1 HEURE 10

Chez Picard

900 g d'asperges vertes
1,2 kg de darnes de lotte
3 c. à soupe d'aneth coupé
150 g d'oignons en cubes
350 g de cubes de tomates à l'italienne
huile d'olive

Chez l'épicier

6 œufs
35 cl de crème liquide
40 g de beurre
15 cl de vin blanc sec
sel, poivre

1 Préchauffez le four à 180 °C (th. 6). Dans une casserole d'eau bouillante salée, faites cuire les asperges 10 minutes. Égouttez-les et laissez-les refroidir. Coupez des pointes de 4 cm. Réservez-les et mixez le reste avec les œufs et la crème. Salez et poivrez. Versez le mélange dans six ramequins beurrés, déposez-les dans un plat à four rempli à moitié d'eau et enfournez 1 heure.

2 Dans un autre plat à four, déposez les darnes de lotte. Salez et poivrez. Arrosez d'un filet d'huile et de vin blanc. Saupoudrez d'aneth. Enfournez 30 minutes avant la fin de la cuisson des mousses.

3 Faites cuire les oignons dans une poêle avec 20 g de beurre et les cubes de tomates pendant 15 minutes. Salez et poivrez. Démoulez les mousses, répartissez la compotée d'oignons sur le dessus. Servez avec les darnes et les pointes d'asperges réchauffées 1 minute au four à micro-ondes.

Saint-Jacques grillées acidulées et pois gourmands

POUR CHANGER • *Pour 4 personnes.*

DÉCONGÉLATION NOIX DE SAINT-JACQUES : 30 MINUTES DANS UN MÉLANGE D'EAU ET DE LAIT AU RÉFRIGÉRATEUR
PRÉPARATION 30 MINUTES - CUISSON 15 MINUTES

Les surgelés

250 g de cubes de tomates à l'italienne
100 g d'oignons en cubes
1 c. à soupe de gingembre coupé
200 g de pois gourmands
400 g de noix de Saint-Jacques
huile d'olive

Chez l'épicier

1/2 c. à soupe de vinaigre balsamique
20 g de beurre
sel, poivre

1 Faites cuire les cubes de tomates à l'italienne avec les oignons, le vinaigre balsamique et le gingembre pendant 15 minutes. Salez et poivrez. Répartissez cette compotée dans quatre coquilles Saint-Jacques vides.

2 Dans une poêle, faites revenir les pois gourmands avec le beurre pendant 6 minutes. Réservez.

3 Égouttez les noix de Saint-Jacques, badigeonnez-les d'huile d'olive et mettez-les sur un gril ou sous le gril du four pendant 5 minutes. Salez et poivrez. Déposez les noix de Saint-Jacques sur la compotée de tomates et accompagnez de pois gourmands. Servez aussitôt.

Tartare d'espadon et de Saint-Jacques

RIEN À CUIRE • *Pour 4 personnes.*

DÉCONGÉLATION NOIX DE SAINT-JACQUES :
1 HEURE DANS UN MÉLANGE D'EAU ET DE LAIT AU RÉFRIGÉRATEUR ;
ESPADON : 3 HEURES AU RÉFRIGÉRATEUR
MARINADE 2 HEURES - PRÉPARATION 15 MINUTES - SANS CUISSON

Chez Picard

2 tranches d'espadon
250 g de noix de Saint-Jacques sans corail du Canada
4 c. à soupe d'huile d'olive
4 c. à soupe d'échalote coupée
1 c. à soupe de ciboulette coupée
1 c. à soupe de basilic coupé
1 c. à café de coriandre coupée

Chez l'épicier

1 c. à café de cumin
1 citron
vinaigre balsamique

1 Coupez les tranches d'espadon en dés de 0,5 cm après en avoir ôté la peau et le muscle brun. Taillez grossièrement les noix de Saint-Jacques en cubes.

2 Placez l'espadon et les cubes de Saint-Jacques dans un saladier. Versez dessus l'huile d'olive, l'échalote, les herbes, 4 c. à soupe de jus de citron et le cumin. Mélangez bien. Laissez mariner au réfrigérateur pendant 2 heures au minimum.

3 Moulez la préparation dans des ramequins et retournez-les sur des assiettes de service. Versez autour un peu d'huile d'olive et de vinaigre balsamique. Servez aussitôt.

Suggestion Picard

Pour les amateurs de saveurs typées, vous pouvez aussi ajouter à la marinade un peu de mélange quatre-épices.

Brochettes de crevettes et légumes grillés

SIMPLISSIME • *Pour 4 personnes.*

DÉCONGÉLATION QUEUES DE CREVETTES CRUES DÉCORTIQUÉES : 15 MINUTES AVEC LEUR SACHET DANS L'EAU TIÈDE
PRÉPARATION 20 MINUTES - CUISSON 20 MINUTES

Les surgelés

600 g de mélange de légumes grillés
250 g de queues de crevettes crues décortiquées
4 c. à soupe de mélange d'herbes pour poissons
2 c. à soupe de thym coupé
2 c. à soupe de basilic coupé
huile d'olive

Chez l'épicier

sel, poivre

1 Préchauffez le four à 240 °C (th. 8). Sur la plaque du four, étalez bien à plat le mélange de légumes grillés et passez-le 10 minutes au four au début du préchauffage. Retirez la peau des poivrons et coupez tous les légumes en carrés de 2 cm environ.

2 Confectionnez huit brochettes en répartissant les légumes et les crevettes décongelées sur des piques en bois. Badigeonnez d'huile d'olive et saupoudrez d'herbes pour poissons, de thym et de basilic. Salez et poivrez. Déposez les brochettes sur la plaque du four. Enfournez 10 minutes en les retournant à mi-temps. Servez aussitôt.

Bouchées de sardine au curry

BOUCHÉES COCKTAIL • *Pour 4 personnes.*

SANS DÉCONGÉLATION
PRÉPARATION 15 MINUTES - CUISSON 15 MINUTES

Chez Picard

500 g de filets de sardine
3 c. à soupe d'huile d'olive
3 c. à soupe de mélange d'herbes pour poissons

Chez l'épicier

1 c. à soupe de curry en poudre
sel, poivre

1 Préchauffez le four à 240 °C (th. 8). Plongez les filets de sardine 10 minutes dans l'eau tiède. Égouttez-les et séparez-les en deux. Mélangez l'huile d'olive, les herbes pour poissons et le curry en poudre. Salez et poivrez.

2 Badigeonnez toutes les faces des filets de sardine avec la préparation aux herbes. Enroulez les filets, côté peau à l'extérieur, et maintenez-les avec un bâtonnet en bois. Enfournez 15 minutes et servez bien chaud.

Potée de la mer au chou

SIMPLISSIME • *Pour 4 personnes.*

SANS DÉCONGÉLATION
PRÉPARATION 10 MINUTES - CUISSON 30 MINUTES

Les surgelés

4 tablettes de court-bouillon surgelé
500 g de légumes pour potage
500 g de chou vert
600 g de morceaux choisis de poissons nordiques
moutarde au basilic « À l'heure de »

Chez l'épicier

10 cl de vin blanc sec
10 g de sel
10 grains de poivre
2 clous de girofle
sel de Guérande

1 Dans un faitout, versez 50 cl d'eau et le vin blanc sec. Ajoutez le court-bouillon surgelé, les légumes pour potage, le sel, les grains de poivre et les clous de girofle. Portez à ébullition et laissez cuire sur feu doux à couvert pendant 10 minutes.

2 Ajoutez le chou vert et poursuivez la cuisson pendant 10 minutes dès la reprise de l'ébullition. Versez les morceaux de poissons nordiques et poursuivez la cuisson 8 minutes à couvert. Servez la potée de la mer dans des assiettes creuses avec le bouillon et accompagnée de moutarde au basilic et d'un peu de sel de Guérande.

Tortilla verte au crabe

ÉVASION • *Pour 4 personnes.*

SANS DÉCONGÉLATION
PRÉPARATION 15 MINUTES - CUISSON 25 MINUTES

Chez Picard

1 c. à soupe d'échalote coupée
250 g d'épinards coupés à la crème
100 g de chair de crabe royal du Chili
1 c. à soupe de persil haché

Chez l'épicier

20 g de beurre doux
1/2 c. à café de curry en poudre
3 œufs
sel, poivre

1 Dans une poêle, faites chauffer 10 g de beurre, ajoutez l'échalote, saupoudrez de curry et laissez cuire 5 minutes sur feu moyen. Ajoutez les épinards surgelés, la chair de crabe et poursuivez la cuisson pendant environ 10 minutes sur feu moyen jusqu'à complète décongélation.

2 Versez la préparation dans un saladier, ajoutez les œufs battus et le persil. Salez et poivrez. Mélangez bien. Faites chauffer le reste du beurre dans la poêle, versez-y le mélange aux épinards et laissez cuire 1 minute sur feu vif, baissez le feu et poursuivez la cuisson 4 minutes. La tortilla doit être légèrement baveuse sur le dessus. Servez tiède.

Confit d'ailes de raie façon Parmentier

POUR CHANGER • *Pour 4 personnes.*

SANS DÉCONGÉLATION
PRÉPARATION 20 MINUTES - CUISSON 30 MINUTES

Les surgelés

400 g de purée de pommes de terre
8 c. à soupe d'huile d'olive
2 c. à soupe de ciboulette coupée
1 kg d'ailes de raie (2 à 4 pièces selon la taille)
3 c. à soupe d'échalote coupée
2 c. à soupe de mélange d'herbes pour poissons
200 g de pois gourmands

Chez l'épicier

1 citron
25 g de câpres
50 g de beurre
1 c. à soupe de vinaigre balsamique
sel, poivre

1 Dans une casserole, faites réchauffer la purée de pommes de terre sur feu doux avec 5 c. à soupe d'huile d'olive, la ciboulette, 2 c. à soupe de jus de citron et les câpres hachées. Salez et poivrez. Répartissez le mélange dans quatre ramequins individuels légèrement huilés. Réservez.

2 Portez de l'eau à ébullition dans une autre casserole et faites-y cuire les ailes de raie 10 minutes après la reprise du frémissement. Égouttez-les et détachez délicatement la chair du cartilage. Déposez-la dans une casserole avec le beurre fondu, 3 c. à soupe d'huile d'olive, 1 c. à soupe de jus de citron, le vinaigre balsamique, l'échalote, les herbes pour poissons et laissez confire pendant 10 minutes sur feu doux. Pendant ce temps, faites cuire les pois gourmands pendant 3 minutes à l'eau bouillante salée et égouttez-les.

3 Faites réchauffer les ramequins 3 minutes au four à micro-ondes ou 10 minutes au four à 180 °C (th. 6). Démoulez-les, disposez la raie sur le dessus et les pois gourmands autour. Servez aussitôt.

Sashimi de Saint-Jacques à l'huile de sésame

EXPRESS • *Pour 4 personnes.*

DÉCONGÉLATION NOIX DE SAINT-JACQUES : 30 MINUTES DANS UN MÉLANGE D'EAU ET DE LAIT AU RÉFRIGÉRATEUR
PRÉPARATION 10 MINUTES - SANS CUISSON

Chez Picard

400 g de noix de Saint-Jacques sans corail Canada

1 c. à soupe de ciboulette coupée

1/2 c. à soupe de gingembre coupé

Chez l'épicier

1 c. à soupe de sauce soja

1 c. à soupe de vinaigre de riz

1 c. à soupe d'huile de sésame

1 c. à soupe d'huile de pépins de raisins ou d'arachide

2 c. à café de graines de sésame

sel, poivre

1. Émincez les noix de Saint-Jacques dans l'épaisseur en trois lamelles. Préparez la sauce en mélangeant la sauce soja, le vinaigre de riz, les huiles, la ciboulette et le gingembre.
2. Faites dorer les graines de sésame dans une poêle anti-adhésive sans matière grasse. Incorporez-les à la sauce. Dégustez les noix de Saint-Jacques crues avec des baguettes et servez la sauce à part.

Mille-feuille de courgettes à l'espadon

RIEN À CUIRE • *Pour 4 personnes.*

DÉCONGÉLATION TRANCHES D'ESPADON ET COURGETTES GRILLÉES : 4 HEURES AU RÉFRIGÉRATEUR
PRÉPARATION 15 MINUTES - REPOS 30 MINUTES - SANS CUISSON

Les surgelés

3 c. à soupe d'huile d'olive

1 c. à café d'estragon coupé

2 tranches d'espadon

300 g de courgettes grillées

Chez l'épicier

1/2 citron

30 g de pignons de pin

tapenade

sel, poivre

1. Dans un bol, mélangez l'huile d'olive, le jus du demi-citron et l'estragon. Salez et poivrez. Taillez l'espadon en tranches fines et coupez les courgettes grillées en deux dans la largeur afin d'obtenir des lamelles de taille homogène.
2. Déposez dans les assiettes deux lamelles de courgettes côte à côte, badigeonnez-les de tapenade et couvrez avec les lamelles d'espadon. Arrosez d'un peu de marinade et renouvelez l'opération. Terminez par une couche de courgettes grillées et d'un filet de marinade.
3. Décorez avec quelques pignons de pin grillés et laissez reposer au frais pendant 30 minutes avant de servir.

Carpaccio de Saint-Jacques à la coriandre

POUR CHANGER • *Pour 4 personnes.*

SANS DÉCONGÉLATION
PRÉPARATION 30 MINUTES - SANS CUISSON

Les surgelés

400 g de noix de Saint-Jacques du Canada sans corail
6 c. à soupe d'huile d'olive
2 c. à soupe de ciboulette coupée
2 c. à soupe de coriandre coupée

Chez l'épicier

1 citron vert
1 c. à soupe de baies roses
fleur de sel
poivre du moulin

1 Passez les noix de Saint-Jacques sous un filet d'eau et décongelez-les ainsi partiellement. Émincez-les dans le sens de l'épaisseur en fines tranches et disposez-les en rosace dans chaque assiette de service.

2 Dans un bol, mélangez le jus du citron vert, l'huile d'olive, la ciboulette, la coriandre et les baies roses. Versez cette vinaigrette sur les faces des Saint-Jacques avec une cuillère. Saupoudrez de fleur de sel et de poivre du moulin. Servez bien frais.

Crevettes au miel et au sésame

ÉVASION • *Pour 4 personnes.*

SANS DÉCONGÉLATION
PRÉPARATION 15 MINUTES - CUISSON 5 MINUTES

Les surgelés

600 g de haricots plats coupés
250 g de queues de crevettes crues décortiquées

Chez l'épicier

125 g de farine
1 œuf
2 c. à soupe de graines de sésame
50 g de fécule de maïs
4 c. à soupe de miel liquide
huile de friture
sel

1 Préparez une pâte : versez la farine dans un bol et incorporez 25 cl d'eau petit à petit en fouettant, ajoutez l'œuf battu et salez.

2 Faites cuire les haricots plats 4 minutes dans l'eau bouillante salée, puis réservez-les au chaud. Faites chauffer un bain de friture. Dans une poêle anti-adhésive, faites dorer les graines de sésame sans matière grasse.

3 Passez les crevettes dans la fécule de maïs, secouez-les et enrobez-les de pâte. Plongez-les en plusieurs fois dans l'huile chaude. Laissez cuire 1 à 2 minutes, le temps qu'elles dorent, puis égouttez-les. Dans une poêle, faites bouillir le miel. Ajoutez les crevettes. Remuez pendant 3 minutes. Servez les crevettes saupoudrées de sésame et disposées sur un lit de haricots plats.

Croustillants de langoustines au curry

BOUCHÉES COCKTAIL • *Pour 4 personnes.*

DÉCONGÉLATION LANGOUSTINES : 4 HEURES AU RÉFRIGÉRATEUR
MARINADE 2 HEURES - PRÉPARATION 25 MINUTES - CUISSON 1 MINUTE

Les surgelés

500 g de langoustines
1 c. à café de coriandre coupée
1 c. à soupe d'échalote coupée
4 c. à soupe d'huile d'olive

Chez l'épicier

1 citron
1 c. à café de curry en poudre
5 feuilles de brik
huile de friture

1 Retirez les têtes des langoustines décongelées et décortiquez les queues. Dans un grand bol, mélangez le jus du citron avec le curry, la coriandre, l'échalote et l'huile d'olive. Plongez les queues de langoustines et laissez mariner 2 heures.

2 Découpez les feuilles de brik en deux et roulez chaque queue de langoustine dans une demi-feuille. Humidifiez légèrement les extrémités pour qu'elles collent bien.

3 Faites chauffer l'huile et plongez-y les croustillants. Laissez cuire 1 minute en retournant souvent. Égouttez sur du papier absorbant et servez avec une salade assaisonnée d'herbes fraîches.

Filets de rouget comme en Provence

POUR CHANGER • *Pour 4 personnes.*

SANS DÉCONGÉLATION
PRÉPARATION 25 MINUTES - CUISSON 20 MINUTES

Les surgelés

500 g de ratatouille cuisinée
200 g de courgettes en rondelles
2 c. à soupe d'huile d'olive
500 g de filets de rouget-barbet
2 c. à soupe de basilic coupé
1/2 c. à soupe d'ail coupé
2 ciabattinas

Chez l'épicier

10 g de chapelure
4 c. à soupe de tapenade
sel, poivre

1 Dans une poêle, faites réchauffer la ratatouille pendant 10 minutes sur feu moyen. Égouttez-la en réservant le jus de cuisson. Faites cuire les rondelles de courgettes 3 minutes dans de l'eau bouillante salée. Disposez-les sur les bords de quatre ramequins, préalablement garnis de film alimentaire badigeonné d'huile d'olive. Déposez la ratatouille au centre et saupoudrez de chapelure. Maintenez ces timbales au chaud dans un bain-marie.

2 Préchauffez le gril du four. Disposez les filets de rouget côte à côte dans un plat à four, côté peau vers le haut. Salez et poivrez. Arrosez d'un filet d'huile d'olive et saupoudrez de basilic. Passez le plat 8 minutes sous le gril du four.

3 Pendant ce temps, faites réchauffer le jus de la ratatouille avec 1 c. à soupe de tapenade et l'ail. Toastez les ciabattinas coupées en deux. Tartinez-les avec 3 c. à soupe de tapenade. Sur les assiettes de service, dressez les timbales de légumes démoulées et les filets de rouget. Nappez de sauce. Servez avec les toasts à la tapenade.

Langouste rôtie au beurre d'herbes

REPAS RAFFINÉS • *Pour 4 personnes*

DÉCONGÉLATION QUEUES DE LANGOUSTES :
UNE NUIT AU RÉFRIGÉRATEUR
PRÉPARATION 10 MINUTES - CUISSON 25 MINUTES

Les surgelés

125 g de beurre doux d'Isigny
3 c. à soupe de mélange d'herbes pour poissons
2 queues de langoustes crues Caraïbes
450 g de riz basmati cuit
1 c. à soupe de persil haché

Chez l'épicier

1 c. à café de sauce Worcestershire
sel

1 Préchauffez le gril du four. Écrasez le beurre avec le mélange d'herbes, la sauce Worcestershire et du sel. Tranchez les queues de langoustes décongelées en deux dans le sens de la longueur et déposez-les dans un plat à gratin côté carapace vers le haut.

2 Étalez un peu de beurre d'herbes sur le dessus des queues de langoustes et faites-les griller 5 minutes au four. Retournez-les, badigeonnez la chair avec le beurre d'herbes restant et faites griller encore 15 minutes, en les arrosant régulièrement de jus de cuisson.

3 Faites réchauffer le riz basmati 6 minutes au four à micro-ondes pour une puissance de 900 watts. Saupoudrez le riz de persil. Servez avec les queues de langoustes bien chaudes.

Calmars aux échalotes caramélisées

ÉVASION • *Pour 4 personnes.*

SANS DÉCONGÉLATION
MARINADE 1 HEURE - PRÉPARATION 10 MINUTES - CUISSON 7 MINUTES

Les surgelés

500 g d'anneaux de calmar
2 c. à café d'ail coupé
150 g d'échalote coupée

Chez l'épicier

2 c. à soupe de sauce soja
3 c. à soupe d'huile de sésame
1 citron
1 c. à café de gingembre en poudre
1/2 c. à café de piment de Cayenne
2 c. à soupe d'huile
1 c. à café de sucre en poudre

1 Passez les anneaux de calmar sous un filet d'eau froide et égouttez-les. Mélangez la sauce soja, l'huile de sésame, 2 c. à soupe de jus de citron, l'ail, le gingembre en poudre et le piment de Cayenne. Plongez les calmars dans cette préparation et laissez mariner pendant 1 heure au réfrigérateur.

2 Dans une poêle, faites fondre l'échalote dans l'huile chaude et le sucre pendant 2 minutes. Ajoutez les calmars et poursuivez la cuisson pendant 5 minutes. Servez bien chaud accompagné de riz.

Beignets de seiches au basilic

TOUT PETIT PRIX • *Pour 4 personnes.*

DÉCONGÉLATION PETITES SEICHES : 4 HEURES AU RÉFRIGÉRATEUR
PRÉPARATION 35 MINUTES - CUISSON 3 MINUTES

Les surgelés

500 g de petites seiches
2 c. à soupe de basilic coupé
1/2 c. à soupe d'ail coupé

Chez l'épicier

150 g de chapelure
2 œufs
1 citron
farine
huile de friture
sel, poivre

1 Essuyez bien les petites seiches décongelées avec du papier absorbant. Mélangez 120 g de chapelure avec 1 blanc d'œuf, 1 c. à soupe de basilic et l'ail. Salez et poivrez. Farcissez les seiches avec cette préparation.

2 Préparez trois assiettes creuses. Dans la première, versez un peu de farine. Fouettez un œuf dans la deuxième. Mélangez 30 g de chapelure et 1 c. à soupe de basilic dans la dernière. Passez successivement les seiches dans chacune des assiettes.

3 Faites dorer les seiches dans une friteuse à 180 °C pendant 3 minutes. Servez avec des rondelles de citron et une sauce aïoli relevée de jus de citron.

Flétan du Groenland aux épinards et au beurre d'agrumes

POUR CHANGER • *Pour 4 personnes.*

DÉCONGÉLATION FILETS DE FLÉTAN : 2 HEURES DANS UN MÉLANGE D'EAU ET DE LAIT AU RÉFRIGÉRATEUR
PRÉPARATION 15 MINUTES - CUISSON 35 MINUTES

Les surgelés

450 g d'épinards en branches
2 c. à soupe d'huile d'olive
4 filets de flétan du Groenland
1 c. à soupe de persil haché
3 c. à soupe d'échalote coupée
25 g de beurre d'Isigny

Chez l'épicier

3 oranges
sel, poivre

1 Dans une casserole, faites cuire les épinards avec l'huile d'olive pendant 5 minutes à couvert. Réservez. Prélevez le zeste d'une orange et coupez-le en fine julienne. Faites-le blanchir pendant 15 minutes dans l'eau bouillante. Pelez et émincez l'orange. Pressez le jus des deux dernières oranges. Réservez le tout.

2 Préchauffez le four à 210 °C (th. 7). Coupez les filets de flétan en deux et assaisonnez-les. Dans un plat à four, disposez quatre morceaux de flétan. Répartissez les épinards sur chacun d'eux. Recouvrez avec un autre morceau de poisson. Disposez les lamelles d'oranges et saupoudrez de persil. Enfournez 15 minutes.

3 Juste avant de servir, faites bouillir le jus des oranges avec l'échalote pendant 5 minutes. Salez et poivrez. Ajoutez le beurre et fouettez sur le feu jusqu'à frémissement. Nappez le poisson avec ce jus et parsemez de zestes. Servez aussitôt avec des tagliatelles fraîches.

Crevettes à la créole, chutney de mangue au gingembre

ÉVASION • *Pour 4 personnes.*

DÉCONGÉLATION CREVETTES ENTIÈRES : LA VEILLE DANS LA MARINADE ; MANGUES EN TRANCHES : 2 HEURES AU RÉFRIGÉRATEUR
MARINADE 12 HEURES - PRÉPARATION 20 MINUTES - CUISSON 17 MINUTES

Les surgelés

800 g de crevettes entières crues (environ 20)
3 c. à soupe d'huile d'olive
1 c. à soupe d'ail coupé
2 c. à soupe de ciboulette coupée
300 g d'oignons en cubes
2 c. à soupe de gingembre coupé
200 g de mangues en tranches
250 g de cubes de tomates à l'italienne

Chez l'épicier

3 c. à soupe d'épices à colombo
1 citron vert
1 c. à café de curcuma
5 cl de rhum
sel, poivre

1 Décortiquez les corps des crevettes en laissant la tête et faites-les mariner avec 3 c. à soupe d'huile d'olive, les épices à colombo, l'ail, la ciboulette et un peu de sel pendant 12 heures. Dans une casserole, faites fondre 200 g d'oignons avec le gingembre et le jus du citron vert pendant 10 minutes, ajoutez la mangue coupée en petits dés et le curcuma. Salez et poivrez. Poursuivez la cuisson 10 minutes. Réservez ce chutney.

2 Dix minutes avant de servir, égouttez les crevettes en réservant la marinade. Saisissez-les 1 minute de chaque côté dans une poêle chaude. Flambez avec le rhum, retirez. Dans la même poêle, ajoutez les oignons restants, les cubes de tomates, la marinade et les crevettes poêlées. Poursuivez la cuisson 5 minutes sur feu vif. Servez avec le chutney de mangue.

Ceviche de limande

RIEN À CUIRE • *Pour 4 personnes.*

DÉCONGÉLATION FILETS DE LIMANDE ET GUACAMOLE : 6 HEURES AU RÉFRIGÉRATEUR
MARINADE 12 HEURES - PRÉPARATION 15 MINUTES - SANS CUISSON

Chez Picard

4 filets de limande
250 g de guacamole épicé
250 g de cubes de tomates à l'italienne
100 g de poivrons en dés
100 g d'oignons en cubes
1 c. à soupe d'ail haché
2 c. à soupe de coriandre coupée

Chez l'épicier

20 cl de jus de citron en bouteille
4 c. à soupe d'huile d'olive
sel, poivre

1 Ôtez la peau des filets. Coupez chaque filet en six lanières. Disposez-les côte à côte dans un plat, ajoutez le jus de citron à hauteur. Salez et poivrez. Laissez mariner 12 heures au réfrigérateur.

2 Deux heures avant de servir, mélangez dans un saladier les cubes de tomates, les poivrons en dés, les oignons, l'ail, la coriandre, l'huile d'olive et 2 c. à soupe du jus de citron de la marinade du poisson. Servez avec le poisson égoutté et le guacamole que vous pouvez accompagner de tortillas.

Thon à la niçoise

TOUT PETIT PRIX • *Pour 4 personnes.*

DÉCONGÉLATION STEAKS DE THON, CUBES DE TOMATES À L'ITALIENNE ET POIVRONS EN DÉS : 4 HEURES AU RÉFRIGÉRATEUR
PRÉPARATION 15 MINUTES - CUISSON 11 MINUTES

Les surgelés

200 g de haricots verts extra-fins
100 g de cubes de tomates à l'italienne
100 g de poivrons verts et rouges en dés
50 g d'oignons en cubes
2 c. à soupe d'ail coupé
8 c. à soupe d'huile d'olive
2 steaks de thon germon

Chez l'épicier

1/2 citron
100 g d'olives noires de Nice
sel, poivre

1 Dans une casserole d'eau bouillante salée, faites cuire les haricots verts 7 minutes. Égouttez-les. Dans un saladier, mélangez les cubes de tomates avec les poivrons, les oignons, la moitié de l'ail, 1 c. à soupe de jus de citron et 2 c. à soupe d'huile d'olive. Salez et poivrez. Réservez.

2 Dans une poêle chaude, faites cuire les steaks de thon avec 2 c. à soupe d'huile d'olive pendant 2 minutes de chaque côté. Salez et poivrez. Réservez au chaud.

3 Faites une vinaigrette avec l'ail restant, le jus du demi-citron et 4 c. à soupe d'huile d'olive. Dans des bols, répartissez le mélange poivrons-tomates, les haricots verts et les steaks de thon tranchés finement. Arrosez de vinaigrette. Parsemez de quelques olives. Servez aussitôt.

Dos de cabillaud en croûte de sésame

POUR CHANGER • *Pour 4 personnes.*

DÉCONGÉLATION DOS DE CABILLAUD : 20 MINUTES AVEC LEUR SACHET DANS L'EAU TIÈDE
PRÉPARATION 10 MINUTES - CUISSON 20 MINUTES

Les surgelés

300 g de fonds d'artichauts
4 dos de cabillaud
450 g de purée artichauts-pommes de terre
200 g de sauce beurre citron

Chez l'épicier

1 citron
50 g de chapelure
50 g de graines de sésame
50 g de parmesan râpé
1 pincée de paprika
1 œuf
sel, poivre

1 Préchauffez le four à 210 °C (th. 7). Faites cuire les fonds d'artichauts pendant 12 minutes à l'eau bouillante salée et citronnée. Égouttez-les, coupez-en la moitié en lamelles et réservez-les au chaud. Détaillez les autres en dés.

2 Retirez les dos de cabillaud décongelés de leur sachet et essuyez-les. Dans une assiette creuse, mélangez la chapelure avec les graines de sésame, le parmesan et le paprika. Salez et poivrez. Dans une autre assiette, battez l'œuf. Passez successivement chaque dos de cabillaud dans l'œuf, puis dans la chapelure au sésame et déposez-les sur la plaque du four préalablement recouverte d'une feuille de papier aluminium froissée. Enfournez 10 minutes.

3 Faites réchauffer 10 minutes la sauce beurre citron au bain-marie. Pendant ce temps, faites réchauffer la purée artichauts-pommes de terre mélangée avec les dés d'artichauts pendant 5 minutes. Dressez le tout sur des assiettes de service et décorez avec les lamelles d'artichauts. Servez aussitôt.

Papillotes de langouste au confit de tomate, à l'orange et à la vanille

REPAS RAFFINÉS • *Pour 4 personnes.*

SANS DÉCONGÉLATION
PRÉPARATION 30 MINUTES - CUISSON 30 MINUTES

Les surgelés

4 queues de langoustes crues d'Afrique du Sud
200 g d'oignons émincés
2 c. à soupe d'huile d'olive
500 g de cubes de tomates à l'italienne
300 g d'asperges vertes

Chez l'épicier

2 oranges
2 gousses de vanille
sel, poivre

1 Préchauffez le four à 210 °C (th. 7). Déposez les queues de langoustes surgelées dans un plat et enfournez 15 minutes. Laissez refroidir. Pelez les oranges en prélevant le zeste d'une moitié. Pressez le jus de cette moitié et coupez le reste en rondelles. Fendez les gousses de vanille.

2 Faites cuire les oignons 5 minutes avec l'huile d'olive. Ajoutez les cubes de tomates, le jus et le zeste de la demi-orange. Faites cuire sur feu moyen jusqu'à l'obtention d'une compotée. Faites cuire les asperges vertes 7 minutes à l'eau bouillante salée.

3 Décortiquez les queues de langoustes et coupez-les en deux dans la longueur. Dans quatre feuilles de papier sulfurisé, disposez la compotée de tomates, les langoustes, les tranches d'oranges et les asperges. Saupoudrez de graines de vanille. Salez et poivrez. Refermez et enfournez 15 minutes.

Saumon argenté façon gravlax

RIEN À CUIRE • *Pour 6 personnes.*

DÉCONGÉLATION FILETS DE SAUMON DANS LEUR SACHET : 30 MINUTES DANS L'EAU TIÈDE
MARINADE 36 HEURES - PRÉPARATION 15 MINUTES - SANS CUISSON

Les surgelés

1 boîte 1/2 d'aneth coupé
3 pavés de saumon argenté du Pacifique avec peau
200 g de sauce beurre blanc
1 c. à soupe de moutarde au miel « À l'heure de »

Chez l'épicier

3 c. à soupe de gros sel
3 c. à soupe de sucre en poudre
1 c. à soupe de poivre blanc fraîchement moulu
2 pincées de noix de muscade râpée
1 c. à soupe de vinaigre de vin
1 citron

1 Dans un bol, mélangez le gros sel, 2 c. à soupe de sucre en poudre, le poivre blanc et la muscade. Ajoutez le contenu d'une boîte d'aneth et mélangez. Tapissez le fond d'un plat creux avec du film alimentaire. Répartissez un tiers de la marinade sur la feuille, disposez les filets de saumon côte à côte, peau vers le bas. Versez le reste de la marinade. Enveloppez les filets avec le film en les serrant bien. Placez-les au réfrigérateur 36 heures.

2 Le jour de la dégustation, faites décongeler la sauce beurre blanc 5 minutes avant de servir. Ajoutez la moutarde au miel, le vinaigre de vin, 1 c. à soupe de sucre et 1/2 boîte d'aneth.

3 Ôtez le film du saumon, essuyez les filets avec du papier absorbant. Retirez la peau des filets, tranchez-les en épaisses lanières et servez avec des quartiers de citron et la sauce moutardée.

Saumon mi-cuit à la mangue, sauce acidulée

POUR CHANGER • *Pour 4 personnes.*

SANS DÉCONGÉLATION
PRÉPARATION 15 MINUTES - CUISSON 35 MINUTES

Les surgelés

4 pavés de saumon argenté du Pacifique avec la peau

450 g de mangues en tranches

Chez l'épicier

1 c. à soupe d'huile de tournesol

3 c. à soupe de vinaigre de cidre

1 c. à soupe de sauce soja

50 g de beurre

sel, poivre

1. Préchauffez le four à 100 °C (th. 3-4). Salez et poivrez les pavés de saumon surgelés et posez-les, côté peau vers le haut, dans un grand plat à four bien huilé. Disposez les tranches de mangues autour. Enfournez et laissez cuire 30 minutes.
2. Allumez le gril du four et laissez dorer encore 2 minutes. Retirez les pavés et les mangues, réservez au chaud. Posez le plat sur le feu, versez le vinaigre et la sauce soja, portez à ébullition et laissez réduire de moitié. Ajoutez le beurre et remuez vivement. Nappez de sauce le saumon et les tranches de mangues. Servez aussitôt.

Saint-Jacques en carapace de chou-fleur

POUR CHANGER • *Pour 4 personnes.*

DÉCONGÉLATION NOIX DE SAINT-JACQUES : 30 MINUTES DANS UN MÉLANGE D'EAU ET DE LAIT AU RÉFRIGÉRATEUR ; FLEURETTES DE CHOUX-FLEURS ET GIROLLES : 2 HEURES AU RÉFRIGÉRATEUR
PRÉPARATION 20 MINUTES - CUISSON 10 MINUTES

Les surgelés

600 g de choux-fleurs en fleurettes

400 g de noix de Saint-Jacques sans corail Canada

300 g de girolles

2 c. à soupe d'huile d'olive

Chez l'épicier

50 g d'amandes entières pelées

1 c. à soupe de curry en poudre

2 c. à soupe de sauce soja

10 g de beurre

sel, poivre

1. Écrasez ensemble 100 g de choux-fleurs et les amandes grossièrement concassées. Ajoutez le curry. Salez et poivrez. Égouttez les noix de Saint-Jacques et enrobez-les de cette préparation. Réservez sur une assiette.
2. Dans une grande poêle, faites cuire le reste de chou-fleur et les girolles dans l'huile d'olive très chaude pendant 5 minutes sur feu vif. Arrosez de sauce soja et remuez bien. Poivrez. Disposez dans des assiettes de service. Réservez au chaud.
3. Essuyez la poêle et faites-y fondre le beurre. Déposez-y les noix de Saint-Jacques et laissez cuire 2 minutes de chaque côté. Dressez sur les assiettes et servez aussitôt.

Pennes au homard façon risotto

POUR CHANGER • *Pour 4 personnes.*

DÉCONGÉLATION HOMARDS : 1 HEURE 30 DANS LEUR EMBALLAGE PLONGÉ DANS L'EAU TIÈDE
PRÉPARATION 25 MINUTES - CUISSON 40 MINUTES

Chez Picard

2 homards entiers cuits
4 c. à soupe d'huile d'olive
150 g d'échalote coupée
100 g de tomates en quartiers pelées
1 c. à soupe de persil haché

Chez l'épicier

1 c. à soupe de gros sel
400 g de pennes
3 c. à soupe de vin blanc sec

1 Décortiquez les homards décongelés. Réservez la chair et concassez les carapaces. Dans une sauteuse, avec 2 c. à soupe d'huile d'olive, faites revenir l'échalote. Ajoutez les tomates en quartiers pelées et laissez cuire 20 minutes sur feu doux.

2 Pendant ce temps, dans une cocotte avec 2 c. à soupe d'huile d'olive, faites rissoler sur feu vif les carapaces brisées pendant 3 minutes en remuant. Ajoutez 1 litre d'eau et le gros sel. Portez à ébullition. Laissez bouillir sur feu doux pendant 10 minutes, pressez les carapaces avec le dos d'une écumoire pour faire ressortir le jus. Retirez-les.

3 Versez les pennes dans la sauteuse avec l'échalote, laissez cuire 5 minutes, puis versez le vin blanc sec. Remuez, versez une louche de bouillon de homard et laissez évaporer tout en remuant. Renouvelez l'opération jusqu'à ce que les pâtes soient cuites *al dente*. Ajoutez la chair de homard, saupoudrez de persil. Mélangez et servez aussitôt.

Joues de saumon poêlées à la forestière

SIMPLISSIME • *Pour 4 personnes.*

DÉCONGÉLATION JOUES DE SAUMON : 2 HEURES DANS UN MÉLANGE D'EAU ET DE LAIT AU RÉFRIGÉRATEUR
PRÉPARATION 10 MINUTES - CUISSON 13 MINUTES

Chez Picard

500 g de joues de saumon
1 c. à soupe d'huile d'olive
1 c. à soupe de ciboulette coupée
450 g de poêlée à la forestière aux cèpes
150 g de cubes de tomates à l'italienne

Chez l'épicier

1 c. à soupe de paprika doux
20 g de beurre
sel, poivre

1 Égouttez les joues de saumon décongelées et épongez-les avec du papier absorbant. Dans une poêle chaude, faites-les saisir avec 1 c. à soupe d'huile d'olive pendant 3 minutes en les retournant à mi-temps. Saupoudrez de paprika et de ciboulette. Réservez entre deux assiettes.

2 Dans la même poêle, faites réchauffer la poêlée à la forestière aux cèpes avec le beurre et les cubes de tomates à l'italienne pendant 10 minutes. Salez et poivrez. Servez aussitôt.

Viandes et volailles

Mignons de porc aux mirabelles et aux marrons

SIMPLISSIME • *Pour 4 personnes.*

DÉCONGÉLATION FILETS MIGNONS DE PORC : 30 MINUTES AVEC LEUR SACHET DANS L'EAU TIÈDE
PRÉPARATION 10 MINUTES - CUISSON 30 MINUTES

Les surgelés

2 filets mignons de porc
200 g d'échalote coupée
300 g de marrons entiers
300 g de mirabelles (oreillons)

Chez l'épicier

30 g de beurre
10 cl de vin blanc
2 pincées de noix de muscade râpée

1 Faites dorer les filets mignons décongelés dans une cocotte avec le beurre chaud, ajoutez l'échalote et la noix de muscade. Versez 10 cl de vin blanc, couvrez et laissez cuire 20 minutes sur feu doux, en retournant à mi-cuisson.

2 Pendant ce temps, faites cuire les marrons 12 minutes à l'eau bouillante salée. Incorporez aux filets mignons les mirabelles, les marrons égouttés et laissez cuire 10 minutes sur feu moyen. Servez la garniture avec les filets mignons coupés en tranches.

Tartare de bœuf aux noix

RIEN À CUIRE • *Pour 4 personnes.*

DÉCONGÉLATION STEAKS HACHÉS : 6 HEURES
AU RÉFRIGÉRATEUR (À PLAT)
PRÉPARATION 10 MINUTES - SANS CUISSON

Les surgelés

3 c. à soupe de persil haché
4 c. à soupe d'échalote coupée
4 steaks hachés de Charolais (non compressés)

Chez l'épicier

1 c. à soupe de sauce Worcestershire
4 c. à soupe d'huile de noix
2 c. à soupe de vinaigre de noix (ou de cidre)
100 g de cerneaux de noix
sel, poivre

1 Incorporez à la viande la sauce Worcestershire, l'huile de noix, le vinaigre de noix, le persil et l'échalote. Salez et poivrez. Façonnez des pavés et déposez-les dans les assiettes.

2 Concassez finement les cerneaux de noix sans les réduire en poudre. Creusez légèrement les tartares et déposez les noix concassées au centre. Servez aussitôt. Vous pouvez aussi saupoudrer les tartares d'un peu d'herbes mélangées. Accompagnez de rondelles de pommes de terre sautées et d'une laitue assaisonnée à l'huile de noix.

Lasagnes de bœuf et d'aubergines

TOUT PETIT PRIX • *Pour 4 personnes.*

DÉCONGÉLATION STEAKS HACHÉS ET CUBES
DE TOMATES À L'ITALIENNE : 4 HEURES
AU RÉFRIGÉRATEUR
PRÉPARATION 10 MINUTES - CUISSON 20 MINUTES

Les surgelés

300 g d'aubergines grillées
3 steaks hachés 5 % de matières grasses
300 g de cubes de tomates à l'italienne
20 g d'échalote coupée
1 c. à soupe d'ail coupé
1 c. à soupe d'huile d'olive
2 c. à soupe de basilic coupé

Chez l'épicier

parmesan râpé
sel, poivre

1 Préchauffez le four à 240 °C (th. 8). Faites tiédir les aubergines pendant 5 minutes au four. Réservez. Mélangez la viande avec 200 g de cubes de tomates, l'échalote, l'ail, l'huile d'olive et la moitié du basilic. Salez et poivrez.

2 Dans un plat à four légèrement huilé, disposez à plat, en les intercalant, les aubergines et la viande sur trois couches en terminant par des aubergines. Répartissez dessus les cubes de tomates restants et le basilic. Saupoudrez de parmesan râpé. Enfournez 15 minutes. Servez chaud.

Tajine de poulet aux mirabelles et aux amandes

SIMPLISSIME • *Pour 4 personnes.*

DÉCONGÉLATION CUISSES DE POULET : 8 HEURES AU RÉFRIGÉRATEUR
PRÉPARATION 10 MINUTES - CUISSON 40 MINUTES

Les surgelés

4 cuisses de poulet
300 g d'oignons émincés
400 g de mirabelles (oreillons)
2 c. à soupe de coriandre coupée

Chez l'épicier

3 c. à soupe d'huile
1 c. à soupe de mélange quatre-épices
100 g d'amandes effilées
sel, poivre

1 Dans une sauteuse, faites dorer les cuisses de poulet avec l'huile chaude, les oignons et le mélange quatre-épices pendant 10 minutes sur feu moyen. Salez légèrement et poivrez. Arrosez d'un verre d'eau et faites cuire 15 minutes.

2 Ajoutez les mirabelles et la coriandre. Poursuivez la cuisson pendant 15 minutes. Dans une poêle anti-adhésive, faites légèrement dorer les amandes effilées sans matière grasse. Servez le tajine bien chaud, saupoudré d'amandes.

Confit d'agneau aux oignons

GRANDES TABLÉES • *Pour 6 personnes.*

SANS DÉCONGÉLATION
PRÉPARATION 20 MINUTES - CUISSON 3 HEURES 10

Les surgelés

500 g d'oignons émincés
2 c. à soupe d'ail coupé
4 c. à soupe d'huile d'olive
1 épaule d'agneau (1,2 kg)
450 g d'oignons en cubes

Chez l'épicier

1/2 citron
15 olives vertes dénoyautées coupées en dés
10 abricots secs coupés en cubes
8 figues sèches coupées en cubes
1 c. à café de piment d'Espelette
sel, poivre

1 Faites fondre la moitié des oignons émincés et de l'ail sur feu doux dans une cocotte avec 2 c. à soupe d'huile d'olive. Ajoutez l'épaule d'agneau et faites-la dorer. Salez et poivrez. Couvrez. Faites cuire 3 heures sur feu doux en la retournant régulièrement. Laissez tiédir dans la cocotte.

2 Hachez les oignons en cubes. Mélangez-les avec l'ail restant et ajoutez le jus du demi-citron. Faites-les fondre 1 heure sur feu très doux dans une sauteuse avec le reste de l'huile. Incorporez les olives, les abricots et les figues aux oignons et saupoudrez de piment. Laissez mijoter 30 minutes à couvert.

3 Désossez et effilochez la chair d'agneau. Faites réduire le jus de la cocotte avec le reste d'oignons émincés, ajoutez la viande et remuez. Servez la viande avec la compote d'oignons à part.

Lapin au vinaigre balsamique

POUR CHANGER • *Pour 4 personnes.*

SANS DÉCONGÉLATION
PRÉPARATION 10 MINUTES - CUISSON 1 HEURE

Les surgelés

1 lapin entier découpé (1,2 kg environ)
3 c. à soupe d'huile d'olive vierge extra
200 g d'oignons émincés
1 c. à soupe d'ail coupé
1 c. à soupe de thym coupé
450 g de cœurs de fenouil
2 c. à soupe de basilic coupé

Chez l'épicier

20 cl de vin blanc sec
4 c. à soupe de vinaigre balsamique
sel, poivre

1 Dans une sauteuse, faites saisir les morceaux de lapin avec 2 c. à soupe d'huile d'olive pendant 10 minutes. Ajoutez les oignons, l'ail, le thym, le vin blanc et le vinaigre balsamique. Salez et poivrez. Laissez cuire 50 minutes à couvert sur feu doux.

2 Pendant ce temps, faites cuire les cœurs de fenouil 10 minutes à l'eau bouillante salée. Juste avant de servir, poêlez les cœurs de fenouil avec 1 c. à soupe d'huile d'olive en les laissant colorer un peu. Saupoudrez-les de basilic. Servez les cœurs de fenouil avec le lapin et sa sauce.

Côtes de porc au pain d'épices

TOUT PETIT PRIX • *Pour 4 personnes.*

SANS DÉCONGÉLATION
PRÉPARATION 10 MINUTES - CUISSON 25 MINUTES

Les surgelés

4 côtes de porc
300 g d'oignons en cubes
100 g de mélange exotique (fruits secs)
400 g de blé cuit

Chez l'épicier

50 g de pain d'épices
50 g de beurre
10 cl de cidre

1 Émiettez le pain d'épices et réservez-en une bonne cuillerée à soupe. Dans une poêle avec 25 g de beurre, faites dorer les côtes de porc surgelées pendant 3 minutes sur feu vif en retournant à mi-temps. Réservez-les.

2 Dans la même poêle, faites blondir les oignons. Ajoutez le pain d'épices émietté. Versez le cidre. Laissez compoter pendant 10 minutes. Remettez les côtes de porc dans la poêle et poursuivez la cuisson 10 minutes.

3 Pendant ce temps, faites dorer le mélange de fruits secs avec 25 g de beurre dans une sauteuse. Ajoutez le blé cuit et laissez réchauffer 10 minutes sur feu moyen. Servez les côtes de porc avec la compotée d'oignons et le blé saupoudré du reste de pain d'épices émietté.

Pavés de biche aux épinards et aux raisins

POUR CHANGER • *Pour 4 personnes.*

DÉCONGÉLATION PAVÉS DE BICHE : 1 HEURE AVEC LEUR SACHET DANS L'EAU TIÈDE
PRÉPARATION 10 MINUTES - CUISSON 20 MINUTES

Les surgelés

100 g d'échalote
600 g d'épinards en branches
4 pavés de biche
2 c. à soupe de moutarde en grains « À l'heure de »

Chez l'épicier

1 c. à soupe de porto
3 c. à soupe de raisins secs
2 c. à soupe d'huile de noix
2 c. à soupe de pignons de pin
2 c. à soupe d'huile
sel, poivre

1 Dans un bol, mélangez le porto et les raisins secs. Dans une casserole avec l'huile de noix, faites dorer les pignons de pin, retirez-les. À leur place, faites fondre l'échalote 2 minutes sur feu doux. Versez les épinards, les raisins égouttés en réservant le porto. Salez et poivrez. Laissez cuire 15 minutes sur feu doux en remuant souvent.

2 Badigeonnez les pavés de biche décongelés de moutarde. Salez et poivrez. Dans une poêle avec l'huile bien chaude, faites-les cuire 2 minutes de chaque côté. Versez le porto dans la poêle. Servez les pavés avec la sauce et les épinards parsemés de pignons de pin dorés.

Gigot d'agneau rôti au fenouil

GRANDES TABLÉES • *Pour 6 personnes.*

DÉCONGÉLATION GIGOT D'AGNEAU : 24 HEURES AU RÉFRIGÉRATEUR
PRÉPARATION 20 MINUTES - CUISSON 1 HEURE 20

Les surgelés

2 c. à soupe d'ail coupé
2 c. à café de thym coupé
6 c. à soupe d'huile d'olive
1 gigot d'agneau (1,8 kg)
900 g de cœurs de fenouil
600 g d'oignons émincés

Chez l'épicier

1 c. à café de graines de fenouil
10 cl de vin blanc moelleux
20 cl de jus d'orange
sel, poivre moulu

1 Préchauffez le four à 240 °C (th. 8). Mixez ou pilez l'ail, le thym, les graines de fenouil, 2 c. à café de sel, 1 c. à café de poivre moulu et 3 c. à soupe d'huile d'olive. Badigeonnez le gigot décongelé avec cette pâte et déposez-le dans un plat à four.

2 Dans un plat à gratin, disposez les cœurs de fenouil, les oignons, 1 c. à café de sel, poivrez et arrosez avec l'huile d'olive restante. Mélangez. Lissez la surface et enfournez en même temps que le gigot. Laissez cuire 1 heure 10. Arrosez régulièrement le gigot avec le jus de cuisson dilué avec un peu d'eau. Retirez le gigot du plat et couvrez-le avec une feuille de papier aluminium. Laissez les légumes dans le four éteint pour les maintenir au chaud. Laissez reposer le tout 15 minutes.

3 Pendant ce temps, placez le plat du gigot sur feu moyen, déglacez les sucs de cuisson avec le vin. Laissez réduire de moitié, ajoutez 10 cl d'eau, le jus d'orange et laissez réduire jusqu'à ce que le jus soit légèrement sirupeux. Rectifiez l'assaisonnement. Servez le gigot tranché, les légumes et la sauce à part.

Magrets de canard laqués à l'ananas

ÉVASION • *Pour 4 personnes.*

DÉCONGÉLATION MAGRETS DE CANARD : 6 HEURES AU RÉFRIGÉRATEUR
PRÉPARATION 10 MINUTES - CUISSON 22 MINUTES

Les surgelés

2 magrets de canard
400 g d'ananas en morceaux
1 c. à soupe de persil haché

Chez l'épicier

10 cl de vin rouge
1 c. à soupe de vinaigre de xérès
40 g de beurre
4 c. à soupe de sucre en poudre
sel, poivre

1 Incisez en quadrillage la graisse des magrets. Déposez-les dans une poêle côté chair sur le dessus et faites chauffer sur feu moyen 10 minutes, en retirant la graisse au fur et à mesure. Retournez-les, versez le vin et le vinaigre. Terminez la cuisson 2 minutes côté chair. Salez et poivrez. Réservez.

2 Dans une autre poêle avec le beurre, faites saisir les morceaux d'ananas pendant 10 minutes, ajoutez le sucre et laissez cuire jusqu'à un début de caramélisation. Salez et poivrez. Servez les magrets en tranches nappés de sauce et saupoudrés de persil. Disposez les ananas autour. Vous pouvez aussi servir ces magrets avec une poêlée à la sarladaise.

Blanquette de dindonneau tradition

TOUT PETIT PRIX • *Pour 4 personnes.*

SANS DÉCONGÉLATION
PRÉPARATION 15 MINUTES - CUISSON 1 HEURE

Les surgelés

1 kg de sauté de dindonneau
150 g d'oignons en cubes
150 g de carottes en rondelles
100 g de petits oignons blancs entiers
50 g de lardons fumés
150 g de champignons de Paris miniatures
1 c. à soupe de persil haché

Chez l'épicier

1 bouquet garni
30 g de beurre
20 g de farine
3 c. à soupe de crème fraîche
sel, poivre

1 Déposez le sauté de dindonneau surgelé dans une grande casserole, mouillez à hauteur d'eau et portez à ébullition. Ajoutez les oignons et le bouquet garni. Salez et poivrez. Laissez mijoter 30 minutes. Ajoutez les carottes et poursuivez la cuisson pendant 30 minutes.

2 Pendant ce temps, faites cuire les petits oignons blancs selon les indications portées sur le sachet. Réservez. Faites blanchir les lardons, puis égouttez-les. Poêlez les champignons avec 10 g de beurre jusqu'à presque réduction du liquide.

3 Liez le jus de la blanquette avec un mélange de 20 g de beurre et la farine. Ajoutez la crème fraîche et rectifiez l'assaisonnement. Réchauffez avec les lardons, les oignons, les champignons et les carottes. Saupoudrez de persil. Servez chaud accompagné de pommes vapeur ou de riz.

Colombo de porc et achard de mangue

ÉVASION • *Pour 4 personnes.*

DÉCONGÉLATION FILETS MIGNONS DE PORC : 20 MINUTES AVEC LEUR SACHET DANS L'EAU TIÈDE ; MANGUES EN TRANCHES : 2 HEURES 30 À TEMPÉRATURE AMBIANTE DANS UNE PASSOIRE AU-DESSUS D'UN RÉCIPIENT

MARINADE 1 HEURE - PRÉPARATION 30 MINUTES - CUISSON 20 MINUTES

Les surgelés

2 filets mignons de porc (environ 900 g)
300 g d'oignons en cubes
450 g de mangues en tranches
1 c. à soupe d'ail coupé
2 c. à soupe de coriandre coupée

Chez l'épicier

2 c. à soupe d'huile de tournesol
1/2 citron
3 c. à soupe d'épices à colombo
20 g de beurre doux
10 cl de rhum blanc
sel, poivre

1 Tranchez chaque filet mignon en six médaillons. Mélangez l'huile de tournesol avec 2 c. à soupe d'épices à colombo. Salez et poivrez. Faites mariner les médaillons dans cette préparation pendant 1 heure.

2 Pendant ce temps, mélangez les oignons, le jus du demi-citron et son zeste râpé, 1 c. à soupe d'épices à colombo et l'ail coupé dans une casserole. Faites cuire à couvert et sur feu doux pendant 20 minutes. Réservez au chaud. Coupez les tranches de mangues en gros cubes.

3 Dans une poêle, faites saisir les médaillons de porc avec le beurre chaud pendant 2 minutes de chaque côté. Ajoutez les oignons cuits, les cubes de mangues, la coriandre et le rhum blanc. Mélangez. Salez et poivrez. Poursuivez la cuisson 3 à 5 minutes. Servez aussitôt.

Poulet antillais à la noix de coco

ÉVASION • *Pour 4 personnes.*

SANS DÉCONGÉLATION

PRÉPARATION 10 MINUTES - CUISSON 50 MINUTES

Les surgelés

4 cuisses de poulet
300 g d'oignons émincés
2 c. à café d'ail
120 g de sauce tomate
450 g de riz basmati cuit

Chez l'épicier

2 c. à soupe d'huile de tournesol
20 cl de vin blanc sec
8 c. à soupe de lait de coco
piment en poudre
sel, poivre

1 Dans une cocotte avec l'huile de tournesol chaude, faites dorer les cuisses de poulet pendant 10 minutes en les retournant régulièrement. Ajoutez les oignons, l'ail et la sauce tomate. Versez le vin blanc sec. Mélangez. Salez et ajoutez une pointe de couteau de piment en poudre. Laissez cuire 30 minutes à petits bouillons. Incorporez ensuite le lait de coco, mélangez et poursuivez la cuisson pendant 10 minutes.

2 Plongez le riz dans une casserole d'eau bouillante salée et égouttez-le dès la reprise de l'ébullition. Servez le poulet bien chaud accompagné du riz.

Confit de veau rôti, tomates et haricots plats braisés

POUR CHANGER • *Pour 4 personnes.*

SANS DÉCONGÉLATION
PRÉPARATION 15 MINUTES - CUISSON 1 HEURE 15

Les surgelés

750 g de sauté de veau
1 kg de tomates en quartiers pelées
200 g d'oignons en cubes
2 c. à soupe d'ail coupé
1 c. à soupe de thym coupé
400 g de haricots plats coupés
huile d'olive

Chez l'épicier

sel, poivre

1 Préchauffez le four à 240 °C (th. 8). Dans un grand plat à gratin badigeonné d'huile d'olive, disposez le sauté de veau, les tomates, les oignons, l'ail et le thym. Salez et poivrez. Enfournez 1 heure 15, à mi-hauteur, en remuant de temps en temps.

2 Avant de servir, faites cuire les haricots plats à l'eau bouillante salée pendant 8 minutes. Disposez-les autour de la viande et servez aussitôt.

Poulet au jus d'estragon, paillasson de légumes

TOUT PETIT PRIX • *Pour 4 personnes.*

SANS DÉCONGÉLATION
PRÉPARATION 10 MINUTES - CUISSON 1 HEURE 15

Les surgelés

3 röstiko's (galettes de pommes de terre)
4 palets de légumes courgettes-poivrons-brebis
4 cuisses de poulet
2 c. à soupe d'estragon coupé
20 g de beurre d'Isigny
1 c. à soupe d'huile d'olive

Chez l'épicier

4 œufs
sel, poivre

1 Préchauffez le four à 210 °C (th. 7). Sur la plaque du four, disposez à plat les röstiko's et les palets de légumes. Dans un plat à four, disposez les cuisses de poulet. Salez et poivrez. Saupoudrez d'estragon et versez un verre d'eau. Enfournez le tout. Faites cuire les cuisses de poulet pendant 1 heure. Retirez les légumes au bout de 15 minutes.

2 À l'aide d'une fourchette, émiettez les röstiko's et les palets de légumes dans un saladier. Ajoutez les œufs entiers. Salez et poivrez. Mélangez bien. Dans une poêle anti-adhésive chaude, faites fondre le beurre avec l'huile d'olive et étalez bien les légumes en paillasson. Faites saisir 5 minutes sur feu moyen, puis 10 minutes sur feu doux en le retournant à mi-temps. Servez le poulet avec son jus et le paillasson de légumes coupé en quatre parts.

Poêlée de dinde au paprika

TOUT PETIT PRIX • *Pour 4 personnes.*

SANS DÉCONGÉLATION
PRÉPARATION 15 MINUTES - CUISSON 25 MINUTES

Les surgelés

200 g de haricots verts extra-fins
4 c. à soupe d'huile d'olive
600 g de pois gourmands
4 escalopes de dindonneau
100 g d'oignons en cubes
1 c. à soupe d'ail coupé
1 c. à soupe de persil haché

Chez l'épicier

2 c. à soupe de paprika
sel, poivre

1 Dans une casserole d'eau bouillante salée, faites cuire les haricots verts pendant 6 minutes. Égouttez-les. Dans une grande poêle avec 2 c. à soupe d'huile d'olive, faites cuire les pois gourmands pendant 5 minutes sur feu moyen. Ajoutez les haricots verts. Poursuivez la cuisson pendant 2 minutes. Réservez dans un saladier.

2 Dans la même poêle avec l'huile d'olive restante bien chaude, faites cuire les escalopes de dindonneau surgelées pendant 4 minutes de chaque côté. Salez et poivrez. Saupoudrez de paprika. Retirez les escalopes et placez-les sur une assiette.

3 Dans la même poêle, faites fondre les oignons pendant 10 minutes sur feu moyen. Pendant ce temps, coupez les escalopes en lanières. Ajoutez-les aux oignons. Incorporez l'ail, le persil, les pois gourmands et les haricots verts. Mélangez bien et laissez le tout réchauffer pendant 5 minutes. Servez aussitôt.

Sauté de veau au vert

GRANDES TABLÉS • *Pour 4 à 6 personnes.*

SANS DÉCONGÉLATION
PRÉPARATION 15 MINUTES - CUISSON 45 MINUTES

Chez Picard

750 g de sauté de veau de l'Aveyron et du Ségala
200 g d'oignons émincés
1 c. à café d'ail coupé
1 boîte de persil haché
1/2 boîte de ciboulette coupée
1/2 boîte de cerfeuil coupé
1/2 boîte d'estragon coupé
150 g de fèves pelées

Chez l'épicier

30 g de beurre
250 g de pennes
10 cl de crème liquide
15 cl de vin blanc
sel, poivre

1 Dans une sauteuse, faites chauffer le beurre. Faites-y dorer le sauté de veau, puis ajoutez les oignons et l'ail. Salez et poivrez. Couvrez et laissez cuire 15 minutes sur feu doux. Retirez le couvercle, ajoutez toutes les herbes et poursuivez la cuisson pendant 30 minutes à petits bouillons.

2 Dans une casserole d'eau bouillante salée, faites cuire les fèves 6 minutes. Égouttez et réservez au chaud. Faites cuire les pennes selon les indications portées sur le paquet.

3 Incorporez la crème liquide et le vin au sauté de veau. Réchauffez jusqu'a l'obtention d'un bouillon. Servez aussitôt avec les pennes mélangées aux fèves.

Magrets de canard aux framboises

POUR CHANGER • *Pour 4 personnes.*

DÉCONGÉLATION MAGRETS DE CANARD : 2 HEURES AVEC LEUR SACHET DANS L'EAU FROIDE; FRAMBOISES ENTIÈRES : 5 HEURES AU RÉFRIGÉRATEUR
PRÉPARATION 20 MINUTES - CUISSON 30 MINUTES

Les surgelés

2 magrets de canard (700 g environ)
100 g d'échalote
200 g de framboises brisées
450 g de mélange de champignons tradition
50 g de framboises entières variété Meeker

Chez l'épicier

1 c. à soupe de vinaigre de framboise
2 pincées de cannelle en poudre
sel, poivre

1 Préchauffez le four à 210 °C (th. 7). Entaillez la peau des magrets tous les 2 cm. Salez et poivrez la chair. Poêlez-les côté peau pendant 5 minutes dans une poêle très chaude. Retournez-les et laissez dorer encore 1 minute. Retirez du feu et posez-les dans un plat. Enfournez et laissez cuire 15 minutes.

2 Pendant ce temps, videz la poêle en gardant 2 c. à soupe de graisse de cuisson. Faites-y fondre l'échalote pendant 5 minutes sur feu doux. Ajoutez les framboises. Salez et poivrez. Ajoutez le vinaigre et la cannelle. Remuez et coupez le feu. Si la sauce est trop épaisse, ajoutez un peu d'eau. Réservez au chaud.

3 Faites cuire les champignons 12 minutes dans une autre poêle. Retirez les magrets du plat et coupez-les en tranches de 0,5 cm d'épaisseur. Disposez-les dans les assiettes et arrosez-les de sauce. Décorez avec les framboises entières. Servez avec la poêlée de champignons et, éventuellement, une salade verte assaisonnée de vinaigre de framboise.

Porc au caramel de coco

ÉVASION • *Pour 4 personnes.*

SANS DÉCONGÉLATION
PRÉPARATION 10 MINUTES - CUISSON 2 HEURES

Les surgelés

1 c. à soupe de gingembre coupé
1 c. à soupe d'ail coupé
750 g de sauté de porc
250 g de petits pois extra-fins
450 g de riz basmati cuit
2 c. à soupe de coriandre coupée

Chez l'épicier

40 cl de lait de coco
5 cl de sauce soja
70 g de sucre en poudre (ou 10 cl de caramel liquide)
1/2 citron
piment de Cayenne en poudre

1 Dans une cocotte, mélangez le lait de coco, la sauce soja, le gingembre et l'ail. Ajoutez un peu de piment et le sauté de porc. Laissez cuire sur feu très doux pendant 2 heures à couvert, sans jamais faire bouillir et en remuant de temps en temps.

2 Faites un caramel avec le sucre. Faites cuire les petits pois 10 minutes à l'eau bouillante salée. Égouttez. Faites réchauffer le riz à la poêle 5 minutes, ajoutez les petits pois. Laissez chauffer 2 minutes. Réservez.

3 Trente minutes avant la fin de la cuisson de la viande, incorporez le jus du demi-citron et le caramel. Réservez la viande au chaud et laissez réduire la sauce. Retirez la graisse à la surface de la sauce avant de napper le porc. Saupoudrez de coriandre. Servez avec le riz aux petits pois.

Carré d'agneau rôti sauce caramel

POUR CHANGER • *Pour 4 personnes.*

DÉCONGÉLATION CARRÉS OU CÔTES D'AGNEAU : 24 HEURES DANS LA MARINADE
MARINADE : 24 HEURES - PRÉPARATION 15 MINUTES - CUISSON 25 MINUTES

Les surgelés

1 c. à soupe rase de coriandre coupée
5 cl d'huile d'olive
2 petits carrés ou 8 côtes d'agneau
40 g d'échalote coupée
600 g de haricots plats coupés

Chez l'épicier

1 c. à café de curry en poudre
1 c. à café de vinaigre de xérès
10 g de sucre en morceaux (2 carrés)
20 g de beurre
sel, poivre

1 Mélangez la coriandre, l'huile d'olive, le curry et le vinaigre de xérès. Badigeonnez-en les deux faces des petits carrés ou des côtes d'agneau et placez au réfrigérateur pendant 24 heures.

2 Préchauffez le four à 240 °C (th. 8). Déposez la viande avec sa marinade dans un plat à four et saupoudrez d'échalote. Enfournez 10 minutes pour les côtes ou 20 minutes pour les carrés en ajoutant 15 cl d'eau à mi-temps. Retirez la viande et réservez le jus de cuisson.

3 Faites un caramel blond avec le sucre, ajoutez le jus de cuisson. Portez à ébullition. Rectifiez l'assaisonnement. Dix minutes avant de servir, faites étuver les haricots à couvert avec le beurre et 20 cl d'eau. Salez et poivrez. Servez l'agneau nappé du jus de cuisson.

Grenadins de veau aux girolles

POUR CHANGER • *Pour 4 personnes.*

DÉCONGÉLATION GRENADINS DE VEAU : 6 HEURES AU RÉFRIGÉRATEUR
PRÉPARATION 10 MINUTES - CUISSON 18 MINUTES

Les surgelés

4 grenadins de veau
300 g de girolles
20 g d'échalote coupée
200 g de fèves pelées

Chez l'épicier

15 cl de crème liquide
sel, poivre

1 Dans une poêle chaude, faites saisir les grenadins de veau 5 minutes sur chaque face. Réservez. Retirez l'excédent de graisse de la poêle et faites-y cuire les girolles avec l'échalote pendant 5 minutes.

2 Ajoutez les fèves et la crème. Salez et poivrez. Poursuivez la cuisson pendant 6 minutes. Ajoutez les grenadins salés et poivrés. Faites réchauffer le tout encore 2 minutes. Servez bien chaud.

Parmentier de poulet aux épinards

TOUT PETIT PRIX • *Pour 4 personnes.*

SANS DÉCONGÉLATION
PRÉPARATION 15 MINUTES - CUISSON 35 MINUTES

Les surgelés

2 escalopes de poulet
40 g d'échalote
200 g d'épinards en branches
200 g de purée de céleri-rave
200 g de purée de pommes de terre

Chez l'épicier

10 cl de vin blanc sec
20 g de beurre
2 c. à soupe de crème fraîche
sel, poivre

1 Dans une casserole, déposez les escalopes de poulet et 20 g d'échalote. Versez le vin et de l'eau à hauteur. Salez. Portez à ébullition, puis laissez cuire 10 minutes. Laissez refroidir dans le jus de cuisson.

2 Dans une autre casserole, faites fondre 10 minutes sur feu moyen les épinards en branches avec 10 g de beurre et 20 g d'échalote. Recoupez légèrement les épinards. Égouttez et émincez la viande, puis mélangez le tout. Répartissez ce mélange dans quatre ramequins beurrés.

3 Préchauffez le four à 180 °C (th. 6). Dans une casserole, réchauffez la purée de céleri-rave, la purée de pommes de terre et la crème fraîche en mélangeant. Salez et poivrez. Répartissez le mélange de purées dans les ramequins. Faites-les réchauffer au four 15 minutes dans un bain-marie. Démoulez et servez.

Pavés d'autruche à la mexicaine

ÉVASION • *Pour 4 personnes.*

DÉCONGÉLATION GUACAMOLE : 12 HEURES AU RÉFRIGÉRATEUR
MARINADE 3 HEURES - PRÉPARATION 15 MINUTES - CUISSON 4 MINUTES

Les surgelés

1 c. à soupe d'ail
5 c. à soupe d'huile d'olive
4 pavés d'autruche
1 pot de guacamole nature (250 g)
1 boîte de tortilla chips (125 g)

Chez l'épicier

1/2 c. à café de cumin
1/2 c. à café de paprika
1/2 c. à café de sel
1/2 c. à café de cannelle en poudre
1/2 c. à café de piment de Cayenne

1 Dans une assiette creuse, mélangez l'ail, le cumin, le paprika, le sel, la cannelle en poudre, le piment de Cayenne et 3 c. à soupe d'huile d'olive. Enduisez les pavés d'autruche de cette préparation. Couvrez et laissez mariner au moins 3 heures.

2 Faites chauffer le reste d'huile d'olive dans une poêle. Faites dorer les pavés d'autruche 2 minutes de chaque côté. Servez avec le guacamole et les tortilla chips.

Gigot d'agneau farci et compotée de flageolets

GRANDES TABLÉS • *Pour 6 personnes.*

DÉCONGÉLATION GIGOT D'AGNEAU DÉSOSSÉ : 24 HEURES AU RÉFRIGÉRATEUR
PRÉPARATION 15 MINUTES - CUISSON 1 HEURE

Les surgelés

1 gigot d'agneau désossé (1,4 à 1,8 kg)
20 g d'échalote coupée
2 c. à soupe de menthe douce coupée
100 g de fèves pelées
100 g d'oignons en cubes
200 g de poireaux en rondelles
150 g de poivrons grillés
500 g de flageolets verts fins cuits
huile d'olive

Chez l'épicier

2 tranches de pain de mie
10 cl de lait
10 cl de crème liquide
20 cl de vin blanc
sel, poivre

1 Préchauffez le four à 210 °C (th. 7). Détachez la souris du gigot à l'aide d'un couteau. Gardez seulement la chair en retirant les nerfs. Mixez-la avec le pain de mie trempé dans le lait. Ajoutez l'échalote et la crème. Salez et poivrez. Ajoutez la moitié de la menthe, les fèves, mélangez bien et glissez cette farce à l'intérieur du gigot. Badigeonnez-le d'huile d'olive et déposez-le dans un plat à four. Salez et poivrez. Enfournez 1 heure en retournant à mi-temps et en ajoutant le vin blanc.

2 Dans une casserole, faites fondre les oignons et les poireaux avec 2 c. à soupe d'huile d'olive pendant 10 minutes. Pelez les poivrons et taillez-les en lanières. Ajoutez-les, avec les flageolets, à la fondue d'oignons et de poireaux. Salez et poivrez. Versez 50 cl d'eau et faites cuire 30 minutes sur feu doux dès la reprise de l'ébullition. Servez le gigot tranché avec son jus de cuisson additionné du restant de menthe et accompagné des légumes.

Carpaccio d'autruche au sésame

RIEN À CUIRE • *Pour 4 personnes.*

DÉCONGÉLATION PARTIELLE PAVÉS D'AUTRUCHE : 2 HEURES AU RÉFRIGÉRATEUR
PRÉPARATION 20 MINUTES - SANS CUISSON

Les surgelés

4 c. à café de moutarde au basilic « À l'heure de »
2 pavés d'autruche
3 c. à soupe d'huile d'olive
2 c. à soupe de ciboulette coupée
1 c. à soupe d'échalote coupée

Chez l'épicier

1 c. à soupe de vinaigre de vin
1 c. à soupe d'huile de sésame
10 g de graines de sésame
200 g de mesclun
sel, poivre

1 Badigeonnez quatre assiettes de moutarde. Salez et poivrez. Émincez les pavés d'autruche partiellement décongelés en tranches très fines et étalez-les sur la surface des assiettes sans les chevaucher.

2 Mélangez le vinaigre de vin avec l'huile d'olive, l'huile de sésame et la ciboulette et badigeonnez-en toute la surface de la viande. Salez et poivrez. Saupoudrez de graines de sésame préalablement grillées dans une poêle anti-adhésive sans matière grasse. Servez bien frais avec le mesclun assaisonné du reste de la vinaigrette et d'échalote.

Cailles rôties aux artichauts et girolles sauce mirabelles

POUR CHANGER • *Pour 4 personnes.*

DÉCONGÉLATION CAILLES : 4 HEURES AU RÉFRIGÉRATEUR
PRÉPARATION 20 MINUTES - CUISSON 35 MINUTES

Les surgelés

4 cailles (600 g)
4 fonds d'artichauts
300 g de mirabelles (oreillons)
50 g d'oignons en cubes
1 c. à soupe de gingembre coupé
300 g de girolles

Chez l'épicier

50 g de beurre
10 cl de vin blanc
5 cl de cognac
sel, poivre

1 Préchauffez le four à 210 °C (th. 7). Coupez les têtes des cailles. Salez et poivrez l'intérieur. Badigeonnez-les avec 10 g de beurre fondu, déposez-les dans un plat à four. Enfournez 35 minutes en les retournant à mi-temps et en les arrosant avec le vin blanc et le cognac.

2 Faites cuire les fonds d'artichauts 12 minutes à l'eau bouillante salée. Dans une poêle avec 20 g de beurre, faites cuire les mirabelles 15 minutes avec les oignons et le gingembre sur feu moyen. Salez et poivrez. Garnissez les artichauts avec les mirabelles.

3 Poêlez les girolles 10 minutes avec 20 g de beurre. Salez et poivrez. Réchauffez les artichauts 10 minutes au four. Servez avec les cailles nappées de sauce.

Pavés de bœuf d'Argentine aux herbes

SIMPLISSIME • *Pour 4 personnes.*

DÉCONGÉLATION PAVÉS DE BŒUF : 6 HEURES AU RÉFRIGÉRATEUR
PRÉPARATION 10 MINUTES - CUISSON 25 MINUTES

Les surgelés

250 g de petits oignons blancs entiers
200 g de sauce bordelaise à l'échalote
1 c. à soupe d'estragon coupé
1 c. à soupe de persil haché
1 c. à soupe de ciboulette coupée
4 pavés de bœuf d'Argentine
2 c. à soupe d'huile d'olive

Chez l'épicier

25 g de beurre
5 g de sucre en poudre
40 g de chapelure
1 c. à café de sel de Guérande
sel, poivre

1 Dans une poêle, étalez les petits oignons. Ajoutez de l'eau à hauteur, le beurre et le sucre. Salez et poivrez. Faites cuire sur feu moyen pendant 10 minutes en remuant régulièrement jusqu'à réduction complète et coloration brune des oignons.

2 Faites réchauffer la sauce pendant 10 minutes au bain-marie. Dans un bol, mélangez les herbes avec la chapelure et le sel de Guérande. Répartissez le mélange sur le dessus des pavés. Dans une poêle chaude avec l'huile d'olive, faites saisir les pavés de bœuf 2 minutes de chaque côté. Servez-les avec les oignons glacés et la sauce.

Souris d'agneau aux figues

POUR CHANGER • *Pour 4 personnes.*

DÉCONGÉLATION JUS D'ORANGE SANGUINE DE SICILE : UNE NUIT AU RÉFRIGÉRATEUR
PRÉPARATION 20 MINUTES - CUISSON 1 HEURE 15

Les surgelés

4 souris d'agneau de Nouvelle-Zélande
2 c. à soupe d'huile d'olive
2 c. à soupe d'ail coupé
400 g de figues en quartiers
40 cl de jus d'orange sanguine de Sicile
500 g de haricots plats coupés

Chez l'épicier

2 oranges
20 g de beurre
sel, poivre

1 Préchauffez le four à 240 °C (th. 8). Déposez les souris d'agneau debout dans un plat en recouvrant les os avec du papier aluminium. Badigeonnez la viande d'huile. Enfournez 30 minutes. Salez et poivrez les souris d'agneau. Saupoudrez d'ail. Disposez les figues, peau vers le bas, autour de la viande. Enfournez 30 minutes à 210 °C (th. 7) en arrosant.

2 Prélevez les zestes des oranges, émincez-les et faites-les blanchir. Prélevez les quartiers des oranges. Retirez les figues du plat. Versez le jus d'orange autour de la viande. Disposez les zestes dessus. Poursuivez la cuisson 45 minutes en arrosant.

3 Faites cuire les haricots plats 6 minutes dans de l'eau bouillante salée. Égouttez-les et mélangez-les au beurre. Dix minutes avant de servir, faites réchauffer les figues et les oranges au four. Servez-les avec la viande nappée de jus et les haricots plats.

Pigeons en crapaudine et ses fruits rouges

POUR CHANGER • *Pour 4 personnes.*

DÉCONGÉLATION PIGEONS : 45 MINUTES DANS L'EAU TIÈDE SALÉE
PRÉPARATION 20 MINUTES - CUISSON 30 MINUTES

Les surgelés

200 g de petits pois extra-fins
4 pigeons ramiers
100 g d'oignons émincés
250 g de cocktail de fruits rouges
250 g de purée de céleri-rave
huile d'olive

Chez l'épicier

5 cl de vin blanc sec
200 g de miel liquide
2 pincées de mélange quatre-épices
2 c. à soupe de crème fraîche
sel et quatre poivres

1 Préchauffez le four à 210 °C (th. 7). Dans une casserole d'eau bouillante salée, faites cuire les petits pois pendant 10 minutes. Égouttez-les et réservez.

2 Avec la pointe d'un couteau, retirez la colonne vertébrale des pigeons décongelés et incisez les filets. Salez et poivrez. Déposez les pigeons dans un plat à four badigeonné d'huile d'olive. Ajoutez le vin blanc, puis enfournez 20 minutes.

3 Pendant ce temps, dans une casserole, faites cuire sur feu moyen, en mélangeant régulièrement, les oignons, les fruits rouges, le miel et le mélange quatre-épices pendant 15 minutes jusqu'à l'obtention d'une compotée. Simultanément, dans une autre casserole, réchauffez la purée de céleri-rave sur feu moyen. Ajoutez les petits pois, la crème fraîche et mélangez. Servez les pigeons rôtis nappés de leur jus de cuisson. Accompagnez avec la compotée de fruits rouges et la purée de céleri-rave chaude.

Pavés d'autruche aux cerises

POUR CHANGER • *Pour 4 personnes.*

DÉCONGÉLATION PAVÉS D'AUTRUCHE : 6 HEURES AU RÉFRIGÉRATEUR
PRÉPARATION 35 MINUTES - CUISSON 18 MINUTES

Les surgelés

200 g de cerises dénoyautées (griottes)
100 g d'oignons émincés
500 g de haricots plats coupés
4 pavés d'autruche

Chez l'épicier

10 cl de vin rouge corsé
50 g de gelée de groseille
40 g de beurre
2 c. à soupe d'huile de noisette
20 g de noisettes concassées
sel, poivre

1 Dans une casserole, mélangez les cerises dénoyautées, les oignons, le vin rouge et la gelée de groseille. Salez et poivrez. Laissez cuire sur feu moyen jusqu'à l'obtention d'une compotée.

2 Pendant ce temps, dans une poêle avec 20 g de beurre et 20 cl d'eau, faites cuire à couvert sur feu moyen les haricots pendant 10 minutes jusqu'à l'évaporation du jus de cuisson. Salez et poivrez. Ajoutez l'huile de noisette et les noisettes concassées. Réservez au chaud dans un plat.

3 Dans la même poêle avec 20 g de beurre, faites cuire sur feu vif les pavés d'autruche 4 minutes de chaque côté. Rectifiez l'assaisonnement. Servez avec les haricots plats et la compotée de griottes.

Filets de porc laqués aux épices

ÉVASION • *Pour 4 personnes.*

DÉCONGÉLATION FILETS MIGNONS : 6 HEURES DANS LA MARINADE À TEMPÉRATURE AMBIANTE
MARINADE 6 HEURES - PRÉPARATION 10 MINUTES - CUISSON 50 MINUTES

Les surgelés

1 c. à soupe d'ail
2 filets mignons de porc (800 g environ)
600 g de riz à la cantonaise

Chez l'épicier

4 c. à soupe de sauce soja
2 c. à soupe de xérès sec (ou vin de riz)
2 c. à soupe de miel liquide
1 c. à soupe de sucre en poudre
1/2 c. à soupe de mélange cinq-épices moulues

1 Dans un plat creux, mélangez la sauce soja, le xérès sec, le miel, le sucre en poudre, le mélange cinq-épices et l'ail. Ajoutez les filets mignons et arrosez-les généreusement avec cette préparation. Couvrez et laissez reposer 6 heures à température ambiante en retournant de temps en temps.

2 Préchauffez le four à 210 °C (th. 7). Égouttez les filets mignons en réservant la marinade. Placez-les sur une grille. Disposez en dessous un plat dans lequel vous aurez versé un verre d'eau. Faites rôtir les filets 20 minutes en les retournant et en les arrosant de temps de temps avec la marinade.

3 Baissez le four à 180 °C (th. 6) et poursuivez la cuisson 30 minutes en continuant d'arroser. La sauce doit être bien épaisse. Arrosez de sauce et laissez reposer 5 minutes avant de trancher la viande. Servez avec le riz à la cantonaise réchauffé 4 minutes à la poêle.

Desserts

Soupe glacée de framboises au basilic

GRANDES TABLÉS • *Pour 6 personnes.*

SANS DÉCONGÉLATION
REPOS 2 HEURES - PRÉPARATION 10 MINUTES - CUISSON 5 MINUTES

Les surgelés

1 kg de framboises brisées
500 g de cubes de tomates à l'italienne
2 c. à soupe de basilic coupé
250 g de framboises entières

Chez l'épicier

200 g de miel d'acacia

1. Dans une casserole, faites fondre le miel d'acacia, puis ajoutez les framboises brisées. Portez à ébullition et incorporez les cubes de tomates. Mélangez pendant 5 minutes. Mixez et filtrez.
2. Ajoutez le basilic et les framboises entières. Placez au minimum 2 heures au réfrigérateur avant de servir.

Suggestion Picard

Vous pouvez remplacer le basilic par de la menthe douce coupée et les framboises entières par le cocktail ou la salade de fruits rouges.

Gratin de figues aux amandes

TOUT PETIT PRIX • *Pour 4 personnes.*

SANS DÉCONGÉLATION
PRÉPARATION 25 MINUTES - CUISSON 20 MINUTES

Les surgelés

600 g de figues en quartiers
1/2 litre de crème glacée vanille

Chez l'épicier

70 g de beurre demi-sel
30 g de farine
30 g d'amandes en poudre
70 g de sucre en poudre
1 sachet de sucre vanillé
2 pincées de poivre noir fraîchement moulu
2 blancs d'œufs
2 c. à soupe d'amandes effilées
beurre

1 Préchauffez le four à 210 °C (th. 7). Dans une casserole, faites chauffer le beurre demi-sel jusqu'à ce qu'il soit noisette, c'est-à-dire légèrement doré. Pendant ce temps, mélangez dans un grand bol la farine, les amandes en poudre, le sucre en poudre, le sucre vanillé et le poivre noir. Incorporez les blancs d'œufs et le beurre encore chaud.

2 Beurrez généreusement un grand moule en terre ou quatre ramequins individuels. Répartissez dans le fond les figues en étoile. Versez le mélange aux amandes sans recouvrir complètement les fruits.

3 Enfournez et laissez cuire 15 minutes. Allumez le gril et saupoudrez d'amandes effilées sur le dessus. Laissez gratiner quelques minutes. Servez tiède accompagné d'une boule de glace à la vanille.

Figues confites au thym et au sésame

GRANDES TABLÉS • *Pour 8 personnes.*

SANS DÉCONGÉLATION
PRÉPARATION 15 MINUTES - CUISSON 1 HEURE 10

Les surgelés

600 g de figues en quartiers
1 c. à café de thym coupé

Chez l'épicier

200 g de sucre en poudre
1/2 citron
1/2 c. à café de clou de girofle en poudre
1/2 c. à café de noix de muscade râpée
2 c. à soupe de graines de sésame

1 Dans une casserole ou une bassine à confiture, faites un sirop avec 1 litre d'eau, le sucre, le jus du demi-citron, le clou de girofle en poudre et la noix de muscade. Laissez cuire 30 minutes sur feu doux. Ajoutez les figues, baissez le feu et laissez cuire 20 minutes à petits bouillons en remuant de temps en temps.

2 Égouttez les figues à l'aide d'une écumoire et laissez réduire le sirop 10 à 15 minutes jusqu'à ce qu'il devienne bien épais. Remettez les figues dans le sirop, ajoutez les graines de sésame, le thym et poursuivez la cuisson 10 minutes.

3 Versez la préparation dans un bocal et laissez refroidir avant de mettre au réfrigérateur. Servez ces figues confites seules au petit déjeuner ou encore pour accompagner un fromage ou une terrine de foie gras. Les figues confites se conservent dix jours au réfrigérateur.

Galette à la mirabelle

GRANDES TABLÉS • *Pour 8 personnes.*

DÉCONGÉLATION PÂTE FEUILLETÉE PRÉ-ÉTALÉE : 2 HEURES À TEMPÉRATURE AMBIANTE DANS LE PAPIER DE CUISSON
PRÉPARATION 15 MINUTES - CUISSON 40 MINUTES

Les surgelés

600 g de mirabelles (oreillons)
2 pâtes feuilletées pur beurre pré-étalées
1 litre de crème glacée vanille

Chez l'épicier

200 g de poudre à frangipane préparée
1 c. à café rase de cannelle en poudre
50 g de sucre en poudre
2 œufs

1 Préchauffez le four à 210 °C (th. 7). Dans un saladier, mélangez la poudre à frangipane avec la cannelle et les mirabelles.
2 Déroulez une pâte feuilletée, étalez les fruits bien à plat dessus en laissant une bordure de 2 cm tout autour. Saupoudrez le sucre en poudre sur les fruits. Badigeonnez la bordure de pâte à l'œuf battu.
3 Déroulez l'autre pâte feuilletée et posez-la sur les fruits. Refermez bien en rabattant les bords. Badigeonnez le dessus à l'œuf battu et tracez un décor. Enfournez 40 minutes en baissant la température du four si besoin. Servez la galette tiède avec une boule de crème glacée vanille.

Gratin d'abricots à la crème d'amaretto

POUR CHANGER • *Pour 4 personnes.*

SANS DÉCONGÉLATION
REPOS 30 MINUTES - PRÉPARATION 10 MINUTES - CUISSON 20 MINUTES

Les surgelés

1 kg d'oreillons d'abricots
1/2 litre de crème glacée aux calissons François Théron

Chez l'épicier

180 g de sucre en poudre
2 sachets de sucre vanillé
150 g de beurre
150 g d'amandes en poudre
2 c. à soupe d'amaretto
2 jaunes d'œufs
1 pincée de sel

1 Préchauffez le four à 210 °C (th. 7). Dans une casserole, portez à ébullition 20 cl d'eau et 50 g de sucre. Plongez les abricots dans ce sirop et laissez pocher 5 minutes. Égouttez-les et disposez-les côté plat contre le fond d'un grand plat à gratin.
2 Dans un bol, mélangez le reste du sucre en poudre avec le sucre vanillé, le beurre ramolli, les amandes, l'amaretto, les jaunes d'œufs et le sel. Versez cette crème sur les abricots. Enfournez et laissez cuire 20 minutes. Servez tiède avec une boule de crème glacée aux calissons.

Riz au lait express

SIMPLISSIME • *Pour 6 personnes.*

SANS DÉCONGÉLATION
PRÉPARATION 10 MINUTES - CUISSON 15 MINUTES

Les surgelés

600 ml de crème glacée vanille
250 g de riz basmati cuit

1 Dans une casserole, faites fondre 500 ml de crème glacée et laissez chauffer jusqu'à l'ébullition. Versez le riz, mélangez et laissez cuire 10 minutes à couvert et sur feu doux dès reprise de l'ébullition en remuant de temps en temps.
2 Laissez tiédir, puis ajoutez le reste de crème glacée, mélangez bien. Servez froid mais non glacé.

Muffins aux myrtilles et au basilic

TOUT PETIT PRIX • *Pour 6 muffins.*

SANS DÉCONGÉLATION
PRÉPARATION 10 MINUTES - CUISSON 25 MINUTES

Les surgelés

4 c. à soupe de basilic coupé
180 g de myrtilles sauvages

Chez l'épicier

180 g de farine
60 g de sucre en poudre
2 sachets de sucre vanillé
2 c. à café de levure chimique
1 pincée de sel
2 œufs
50 g de beurre
20 cl de lait demi-écrémé
1 c. à café de zeste de citron râpé

1 Préchauffez le four à 200 °C (th. 6-7). Beurrez et sucrez six petits ramequins à bords hauts ou une plaque à muffins. Réservez au réfrigérateur.
2 Dans un saladier, mélangez la farine, le sucre en poudre, le sucre vanillé, la levure et le sel. Dans un bol, battez les œufs. Ajoutez le beurre fondu, le lait, le zeste de citron et le basilic. Versez cette préparation dans le saladier en remuant sans cesse.
3 Versez un peu de pâte dans le fond des moules, ajoutez quelques myrtilles et renouvelez l'opération jusqu'à l'épuisement des ingrédients. Terminez par une couche de pâte. Enfournez 25 minutes. Démoulez. Dégustez tiède ou froid.

Soupe froide de melon aux oranges sanguines

EXPRESS • *Pour 4 personnes.*

DÉCONGÉLATION MELON EN BILLES : 11 MINUTES AU FOUR À MICRO-ONDES ; JUS D'ORANGE SANGUINE : UNE NUIT AU RÉFRIGÉRATEUR
PRÉPARATION 15 MINUTES - SANS CUISSON

Chez Picard

600 g de melon en billes
20 cl de jus d'orange sanguine

Chez l'épicier

40 g d'amandes effilées
1 c. à café de porto
1 pincée de poivre

1 Faites dorer les amandes effilées dans une poêle anti-adhésive sans matière grasse. Mixez le melon avec le jus d'orange, le porto et le poivre.
2 Versez la soupe froide dans des assiettes creuses. Saupoudrez d'amandes. Servez aussitôt.

Compote de rhubarbes et framboises

TOUT PETIT PRIX • *Pour 4 personnes.*

SANS DÉCONGÉLATION
PRÉPARATION 15 MINUTES - CUISSON 40 MINUTES

Les surgelés

500 g de rhubarbe en morceaux
500 g de framboises brisées
3 c. à soupe rases de menthe douce coupée

Chez l'épicier

150 g de miel d'acacia

1 Dans une casserole, versez le miel d'acacia, la rhubarbe et 2 c. à soupe d'eau. Faites réduire sur feu moyen 30 minutes environ en mélangeant de temps en temps jusqu'à épaississement.
2 Ajoutez les framboises, poursuivez la cuisson pendant 10 minutes, puis passez le mélange au presse-purée. Versez 3 c. à soupe rases de menthe douce et gardez au frais jusqu'au service.

Mille-feuille de pain d'épices aux mirabelles

POUR CHANGER • *Pour 6 personnes.*

SANS DÉCONGÉLATION
PRÉPARATION 10 MINUTES - CUISSON 20 MINUTES

Les surgelés

500 g de mirabelles (oreillons)
1/2 litre de crème glacée au pain d'épices François Théron

Chez l'épicier

150 g de pain d'épices non tranché
30 g de beurre
1 sachet de sucre vanillé
1/2 c. à café de cannelle en poudre
1/2 c. à café de grains d'anis
poivre

1. Préchauffez le four à 90 °C (th. 3). Coupez le pain d'épices en tranches très fines d'environ 2 mm d'épaisseur. Posez les tranches sur la plaque du four et faites-les dessécher au four 15 minutes. Laissez-les refroidir pour qu'elles durcissent.
2. Dans une poêle chaude avec le beurre, faites rissoler les mirabelles pendant 5 minutes sur feu vif. Saupoudrez de sucre vanillé, ajoutez les épices et poivrez généreusement. Laissez réduire le jus jusqu'à ce qu'il caramélise.
3. Préparez les assiettes en disposant successivement une tranche de pain d'épices, une boule de glace, une tranche de pain d'épices et disposez les mirabelles sur le dessus et autour. Servez aussitôt.

Brioche perdue aux amandes

EXPRESS • *Pour 4 personnes.*

DÉCONGÉLATION CRÈME ANGLAISE : 10 MINUTES AVEC SON SACHET DANS L'EAU TIÈDE
PRÉPARATION 5 MINUTES - CUISSON 4 MINUTES

Les surgelés

200 g de crème anglaise (4 sachets)
1 brioche tranchée pur beurre (280 g)
1/2 litre de glace à la vanille

Chez l'épicier

1 c. à soupe d'eau de fleur d'oranger
1 pincée de sel
125 g d'amandes effilées
30 g de beurre
sucre glace

1. Versez la crème anglaise dans un saladier, ajoutez l'eau de fleur d'oranger et le sel. Versez les amandes effilées dans une assiette creuse.
2. Passez les tranches de brioche dans la crème anglaise, puis dans les amandes. Faites chauffer le beurre dans une poêle. Poêlez les tranches de brioche 2 minutes de chaque côté dans le beurre chaud. Dressez dans des assiettes. Saupoudrez de sucre glace et ajoutez une boule de glace.

Pain perdu aux framboises

SIMPLISSIME • *Pour 4 personnes.*

DÉCONGÉLATION FRAMBOISES ENTIÈRES : 5 HEURES AU RÉFRIGÉRATEUR ; COULIS DE FRAMBOISES : 10 MINUTES AVEC SON SACHET DANS L'EAU TIÈDE
PRÉPARATION 15 MINUTES - CUISSON 4 MINUTES

Les surgelés

8 tranches de brioche pur beurre
200 g de framboises entières variété Meeker
100 g de coulis de framboises des Coteaux de l'Ardèche (2 sachets)

Chez l'épicier

20 cl de lait entier
20 cl de crème liquide
3 jaunes d'œufs
80 g de sucre en poudre
2 sachets de sucre vanillé
40 g de beurre
sucre glace

1 Dans un plat creux, mélangez le lait, la crème liquide, les jaunes d'œufs, le sucre en poudre et le sucre vanillé. Trempez huit tranches de brioche dans ce mélange.

2 Faites chauffer le beurre dans une grande poêle et faites-y dorer les tranches de brioche pendant 2 minutes de chaque côté. Dressez-les dans des assiettes de service. Décorez avec les framboises, entourez de coulis et saupoudrez de sucre glace. Servez aussitôt.

Gaspacho de cerises au vin rouge

POUR CHANGER • *Pour 4 personnes.*

DÉCONGÉLATION GRIOTTES ET TOMATES EN QUARTIERS : 30 MINUTES À TEMPÉRATURE AMBIANTE
PRÉPARATION 20 MINUTES - SANS CUISSON

Les surgelés

4 tranches de brioche
350 g de cerises dénoyautées (griottes)
100 g de tomates en quartiers pelées
1 c. à café de gingembre coupé
1 c. à soupe de menthe douce coupée

Chez l'épicier

20 g de beurre
1/2 c. à café de cannelle en poudre
1 c. à soupe de sucre en poudre
3 c. à soupe de miel liquide
2 c. à soupe de vin rouge fruité (beaujolais, sancerre)

1 Coupez les tranches de brioche en petits dés, puis faites-les dorer 5 minutes dans une poêle avec le beurre. Réservez. Mixez les cerises, les tomates, la cannelle, le gingembre, le sucre en poudre, le miel liquide, la menthe et le vin rouge.

2 Versez le gaspacho dans des assiettes creuses. Décorez avec les dés de brioche dorés. Servez aussitôt.

Far aux cerises

PIQUE-NIQUE • *Pour 4 personnes.*

SANS DÉCONGÉLATION
PRÉPARATION 15 MINUTES - CUISSON 45 MINUTES

Les surgelés

300 g de cerises dénoyautées (griottes)

Chez l'épicier

125 g de farine
100 g de sucre en poudre
125 g de beurre demi-sel
2 œufs
20 cl de lait
beurre

1 Préchauffez le four à 210 °C (th. 7). Beurrez et sucrez le fond d'un moule à bords hauts.

2 Dans un saladier, mélangez la farine, le sucre, le beurre demi-sel fondu, les œufs et le lait. Versez dans le moule. Répartissez sur le dessus les cerises dénoyautées surgelées, puis enfournez 45 minutes. Sucrez légèrement le dessus du far. Servez tiède ou à température ambiante.

Tatin d'ananas au gingembre

GRANDES TABLÉS • *Pour 6 personnes.*

DÉCONGÉLATION PÂTE BRISÉE PRÉ-ÉTALÉE :
2 HEURES À TEMPÉRATURE AMBIANTE
DANS LE PAPIER DE CUISSON
PRÉPARATION 25 MINUTES - CUISSON 35 MINUTES

Les surgelés

600 g d'ananas en morceaux
2 c. à soupe de gingembre coupé
1 pâte brisée pur beurre pré-étalée

Chez l'épicier

50 g de beurre
1 sachet de sucre vanillé
1 c. à soupe de sucre roux en poudre

1 Préchauffez le four à 200 °C (th. 6-7). Dans une grande poêle, faites fondre le beurre avec le sucre vanillé et le sucre roux. Versez l'ananas en morceaux et le gingembre. Laissez caraméliser 10 minutes en les mélangeant souvent.

2 Répartissez l'ananas dans un moule à manqué, recouvrez avec la pâte brisée déroulée en rentrant les bords à l'intérieur de façon à couvrir entièrement les fruits. Enfournez 25 minutes sur une plaque dans le bas du four. Démoulez la tarte encore chaude et laissez tiédir avant de servir.

Sabayon gratiné aux fruits rouges

TOUT PETIT PRIX • *Pour 4 personnes.*

DÉCONGÉLATION COCKTAIL DE FRUITS ROUGES :
8 HEURES AU RÉFRIGÉRATEUR
PRÉPARATION 20 MINUTES - CUISSON 5 MINUTES

Les surgelés

450 g de cocktail de fruits rouges

Chez l'épicier

5 jaunes d'œufs
2 c. à soupe de crème fraîche
80 g de sucre en poudre
1 sachet de sucre vanillé
10 cl de vin blanc

1 Répartissez les fruits rouges dans quatre plats à gratin individuels. Dans un petit saladier, mélangez les jaunes d'œufs, la crème fraîche, le sucre et le sucre vanillé. Posez le saladier en bain-marie sur une casserole d'eau frémissante, fouettez avec un batteur électrique jusqu'à ce que le mélange épaississe et devienne mousseux. Ajoutez progressivement le vin blanc et fouettez encore 2 minutes.

2 Versez le sabayon sur les fruits et faites gratiner au four à 20 cm du gril. Sortez du four dès que le sabayon commence à dorer. Servez tiède.

Parfait glacé aux noix et aux marrons

GRANDES TABLÉS • *Pour 6 personnes.*

DÉCONGÉLATION CRÈME GLACÉE : 30 MINUTES À TEMPÉRATURE AMBIANTE ; SAUCE AU CHOCOLAT : 10 MINUTES AVEC SON SACHET DANS L'EAU TIÈDE
REPOS 3 HEURES - PRÉPARATION 10 MINUTES - SANS CUISSON

Les surgelés

1 litre de crème glacée aux marrons glacés François Théron

200 g de sauce au chocolat (4 sachets)

Chez l'épicier

50 g de cerneaux de noix

1 c. à soupe de cognac

1 c. à soupe d'eau de fleur d'oranger

1 Tapissez le fond et les côtés d'une terrine avec du film alimentaire. Versez-y la moitié de la glace, puis la moitié de la sauce au chocolat par à-coups, de façon à réaliser des « larmes » de chocolat. Versez le reste de la glace, couvrez la surface de cerneaux de noix en en réservant quelques-uns pour la décoration. Placez au congélateur 3 heures.

2 Avant de servir, mélangez dans un bol le reste de la sauce au chocolat avec le cognac et l'eau de fleur d'oranger. Démoulez le parfait, couvrez avec la sauce au chocolat aromatisée. Décorez de cerneaux de noix.

Recommandation Picard

En raison de la décongélation préalable de la crème glacée, ce dessert doit être dégusté dans la journée de sa préparation.

Crumble aux fruits rouges et aux mirabelles

SIMPLISSIME • *Pour 4 personnes.*

DÉCONGÉLATION CRÈME ANGLAISE : 10 MINUTES AVEC SON SACHET DANS L'EAU TIÈDE
PRÉPARATION 15 MINUTES - CUISSON 45 MINUTES

Les surgelés

400 g de mirabelles (oreillons)

200 g de cocktail de fruits rouges

200 g de crème anglaise (4 sachets)

Chez l'épicier

2 c. à soupe de sucre en poudre

200 g de farine

150 g de beurre

150 g de sucre roux en poudre

1 c. à café de cannelle en poudre

1 pincée de sel

1 Préchauffez le four à 210 °C (th. 7). Dans un plat à gratin beurré, répartissez les mirabelles et le cocktail de fruits rouges. Saupoudrez de sucre. Enfournez 10 minutes.

2 Pendant ce temps, mélangez dans un saladier la farine, le beurre, le sucre roux, la cannelle et le sel. Mélangez du bout des doigts jusqu'à l'obtention d'une consistance sableuse. Couvrez les fruits avec ce mélange et enfournez. Laissez cuire 35 minutes. Servez tiède avec la crème anglaise préalablement décongelée.

Crumble de mangue à la noix de coco

ÉVASION • *Pour 4 personnes.*

DÉCONGÉLATION MANGUES EN TRANCHES : 2 HEURES 30 À TEMPÉRATURE AMBIANTE DANS UNE PASSOIRE AU-DESSUS D'UN RÉCIPIENT
PRÉPARATION 15 MINUTES - CUISSON 40 MINUTES

Les surgelés

900 g de mangues en tranches
1/2 litre de sorbet à la noix de coco

Chez l'épicier

120 g de farine
2 c. à soupe de noix de coco râpée
1/2 c. à café de cannelle en poudre
70 g de sucre de canne en poudre
80 g de beurre
1/2 citron vert

1. Préchauffez le four à 210 °C (th. 7). Mélangez la farine, la noix de coco râpée, la cannelle en poudre, le sucre, ajoutez le beurre ramolli et malaxez bien avec les doigts.
2. Coupez les mangues en gros cubes et répartissez-les en couche épaisse dans le fond d'un moule beurré. Arrosez avec le jus du demi-citron et recouvrez avec la pâte émiettée. Enfournez pendant 40 minutes, jusqu'à ce que la pâte soit dorée.
3. Dix minutes avant de servir, mélangez dans un bol à la fourchette, ou au mixeur, le jus des mangues et le sorbet à la noix de coco. Servez le crumble tiède avec la crème à la noix de coco froide mais non glacée.

Fondue de fruits au chocolat

EXPRESS • *Pour 4 personnes.*

DÉCONGÉLATION FRUITS : 2 HEURES 30 À TEMPÉRATURE AMBIANTE; SAUCE AU CHOCOLAT : 10 MINUTES AVEC SON SACHET DANS L'EAU TIÈDE
PRÉPARATION 15 MINUTES - CUISSON 2 MINUTES

Les surgelés

400 g de sauce au chocolat (8 sachets)
250 g de mangues en tranches
250 g de cerises dénoyautées (griottes)
250 g d'oreillons d'abricots
250 g de framboises variété Meeker
crêpes dentelles roulées ou feuillets aux amandes « À l'heure de »

Chez l'épicier

2 c. à café de fécule de maïs

1. Versez la sauce au chocolat décongelée dans un grand bol et ajoutez la fécule de maïs en mélangeant avec un fouet. Faites bouillir le mélange pendant 2 minutes au four à micro-ondes pour une puissance de 900 watts.
2. Remplissez un caquelon aux deux tiers d'eau, déposez à l'intérieur le bol de sauce et placez le tout sur un réchaud au centre de la table. Coupez les mangues en gros morceaux, déposez les fruits sur des plats. À l'aide d'une pique, trempez les fruits dans le chocolat. Dégustez avec des crêpes dentelles roulées ou des feuillets aux amandes.

SUGGESTION PICARD
Vous pouvez aromatiser la sauce au chocolat avec un peu de whisky ou de liqueur d'orange.

Tartelettes au chocolat et au thé à la menthe

TOUT PETIT PRIX • *Pour 4 personnes.*

DÉCONGÉLATION PÂTE SABLÉE PRÉ-ÉTALÉE : 2 HEURES À TEMPÉRATURE AMBIANTE DANS LE PAPIER CUISSON ; SAUCE AU CHOCOLAT : 10 MINUTES AVEC SON SACHET DANS L'EAU TIÈDE
REPOS 2 HEURES - PRÉPARATION 30 MINUTES - CUISSON 25 MINUTES

Les surgelés

1 pâte sablée pré-étalée
3 c. à soupe de menthe douce coupée
200 g de sauce au chocolat (4 sachets)

Chez l'épicier

20 cl de crème liquide
1 c. à soupe de thé vert
2 c. à soupe de sucre en poudre
1 c. à soupe de miel liquide
1 œuf
2 feuilles de gélatine
1 c. à soupe de cacao amer en poudre

1 Préchauffez le four à 150 °C (th. 5). Déroulez la pâte sablée, coupez-la en quatre morceaux et garnissez-en quatre moules à tartelettes. Piquez le fond et les parois avec une fourchette. Enfournez et laissez cuire 25 minutes.

2 Pendant ce temps, versez la crème liquide dans une petite casserole. Ajoutez la menthe, le thé et portez à ébullition. Éteignez le feu, sucrez, couvrez et laissez refroidir. Filtrez la crème, placez-la au congélateur 15 minutes. Fouettez-la en chantilly. Dans un saladier, versez la sauce au chocolat décongelée, le miel, l'œuf battu et les feuilles de gélatine préalablement trempées dans l'eau froide, puis essorées. Mélangez et incorporez la crème fouettée.

3 Sortez les fonds de tarte du four. Démoulez, laissez refroidir et versez la crème au chocolat dedans. Placez les tartelettes au réfrigérateur pendant 2 heures. Sortez-les 15 minutes avant de servir et saupoudrez-les de cacao en poudre. Servez aussitôt.

Conseils pratiques pour bien utiliser les surgelés

Si les surgelés font aujourd'hui partie de notre vie quotidienne, ils n'en gardent pas moins une spécificité qui demande une attention particulière. Pour préserver la qualité et la saveur des produits, il faut respecter quelques règles simples.

QU'EST-CE QUE LA CHAÎNE DU FROID ?

Pour en garantir la qualité, les produits surgelés devront être conservés constamment à une température stable d'au moins – 18 °C (– 20 °C pour les crèmes glacées et les sorbets). La chaîne du froid représente tout ce qui sera mis en œuvre pour le maintien de ces conditions pendant le stockage, le transport, la mise en vente et leur conservation jusqu'à leur utilisation. Tout réchauffement est nuisible à la qualité des produits surgelés. Mais il faut hiérarchiser les risques d'une rupture de la chaîne du froid en fonction de la durée de celle-ci. La micro-rupture, qui va élever la température du produit de quelques degrés en surface, n'aura aucune incidence sur le développement bactérien. Elle risque néanmoins d'altérer un peu la texture et la saveur de l'aliment. En revanche, une rupture importante du froid (qui provoque une remontée de l'ordre de – 10 °C) va permettre au développement bactérien de reprendre et entraîner ainsi le vieillissement du produit. L'aliment est fragilisé et s'il est recongelé, il le sera avec un nombre important de bactéries. C'est la raison pour laquelle il ne faut jamais recongeler un produit décongelé.

Les cinq règles d'or de la chaîne du froid

1• Transportez les surgelés dans des sacs isothermes.

2• Surveillez la température du congélateur et dégivrez-le régulièrement.

3• Ne recongelez jamais un produit décongelé.

4• Refermez bien l'emballage.

5• Évitez d'ouvrir et de refermer trop souvent la porte du congélateur.

COMMENT RECONNAÎTRE UN PRODUIT DÉCONGELÉ RECONGELÉ ?

Un aliment qui présente une quantité importante de givre en surface, une crème glacée truffée de paillettes de glace ou encore une prise en masse de légumes à l'intérieur de leur sachet sont autant de signes révélateurs d'une rupture dans la chaîne du froid qui doivent alerter. Néanmoins, la présence d'un peu de givre sur les aliments surgelés est tout à fait normale et résulte tout simplement de la surgélation de l'humidité de l'air ambiant présent dans le congélateur.

COMMENT TRANSPORTER LES SURGELÉS ?

Les surgelés exigent une attention particulière entre le moment où vous quittez votre magasin d'approvisionnement et celui où vous les rangez dans le congélateur. Assurez-vous que le transport s'effectue dans les meilleures conditions possibles. Des sacs isothermes de différentes contenances vous permettront de protéger vos produits surgelés pendant des trajets allant jusqu'à 1 heure 30 (pour un sac plein et une température ambiante de 20 °C). Si le trajet excède cette durée ou s'il fait très chaud à l'extérieur, vous pouvez renforcer la conservation dans le sac isotherme en utilisant des accumulateurs de froid. Des plaques de froid, appelées aussi plaques eutectiques, sont utiles quand votre sac isotherme est peu rempli : vous gagnerez environ 30 minutes. Rangez les produits aussi serrés que possible dans le sac. En évitant à l'air de circuler entre eux, vous limitez la perte de frigories. Une fois arrivé à votre domicile, placez sans tarder vos achats dans votre congélateur.

Fiez-vous au thermomètre

Outil indispensable au bon respect de la chaîne du froid, il doit être placé dans la partie la plus chaude de l'appareil, à l'opposé du générateur de froid (généralement en haut pour un congélateur bac et en bas dans une armoire).

COMMENT SURVEILLER LA TEMPÉRATURE DE SON CONGÉLATEUR ?

Équipez en permanence votre congélateur d'un thermomètre. Si vous doutez de la fiabilité de votre congélateur, ou lorsque vous partez en vacances, disposez un glaçon dans un bol. Si le glaçon est fondu mais recongelé, votre congélateur s'est arrêté, puis remis en marche en provoquant une rupture importante de la chaîne du froid. Les produits ne seront donc plus consommables.

COMMENT DÉGIVRER ET ENTRETENIR SON CONGÉLATEUR ?

Le dégivrage, s'il n'est pas automatique, doit être effectué quand la couche de givre atteint environ 1 cm.
Le nettoyage de l'appareil se fait deux fois pas an. Choisissez une période où les provisions sont peu nombreuses et procédez par ordre.
1 • Videz le congélateur et débranchez-le 2 à 3 heures avant de commencer.
2 • Placez dans le coffre ou sur les clayettes de l'armoire des récipients remplis d'eau chaude mais non bouillante. Refermez le congélateur et attendez 15 minutes. Pendant ce temps, lavez et essuyez soigneusement les tiroirs ou paniers.
3 • Renouvelez l'eau chaude des récipients. Laissez la porte du congélateur ouverte. Quand la glace est ramollie, procédez au dégivrage avec une raclette en plastique. N'utilisez jamais un ustensile métallique.
4 • Lorsque la grande partie du givre s'est détachée, terminez avec une éponge et de l'eau tiède additionnée de cristaux de soude (250 g par litre).
Rincez et essuyez. Laissez sécher l'appareil 30 minutes la porte ouverte.
5 • Rebranchez le congélateur à vide et mettez-le sur position congélation rapide. Attendez 30 minutes avant d'y ranger les provisions.

FAUT-IL DÉCONGELER LES SURGELÉS AVANT DE LES CUISINER ?

Pour les produits « à cuisiner », la décongélation n'est généralement pas nécessaire avant la cuisson. Pour les légumes, elle est généralement proscrite. Culturellement, il est d'usage de faire décongeler une pièce de bœuf avant de la saisir au gril. Pour d'autres produits, elle est souhaitable : les noix de Saint-Jacques, par exemple, n'en seront que plus tendres. D'une manière générale, suivez les indications portées sur l'emballage.
La décongélation, si elle n'est donc pas indispensable, sera fonction des organisations personnelles et du temps dont on dispose pour préparer le repas.

Les étoiles et leur signification

- * Possède un compartiment à glace. Sa température ne peut descendre en dessous de – 6 °C. Vous pouvez conserver les surgelés trois jours.
- ** Le compartiment peut atteindre une température de – 12 °C. Les surgelés peuvent être conservés deux semaines, les glaces et sorbets seulement 2 à 3 heures.
- *** La température est inférieure à – 18 °C. Vous pouvez conserver les surgelés et les glaces plusieurs mois, sans dépasser la date limite d'utilisation optimale indiquée sur les emballages.
- **** La température peut être inférieure à – 25 °C. Cela vous permet de congeler vous-même des aliments.

Table des recettes

Entrées et soupes

Entrées

Soupes

Quiches et tartes

Salades et légumes

Salades

Légumes

Poissons et fruits de mer

Poissons

Fruits de mer

Viandes et volailles

Viandes

Volailles

Desserts

Gâteaux et gratins

Tartes et feuilletés

Entremets

Index thématique

Direction Elisabeth Daretz
Partenariat : André Magniez
Édition : Emmanuel Le Vallois et Virginie Mahieux
Maquette : Émilie Greenberg
Fabrication : Laurence Ledru

Recettes : Julie Andrieu et Philippe Astruc

Photographies de Mickaël Roulier
Stylisme : Emmanuel Turiot

Achevé d'imprimé en Espagne par Graficas Estella

2501041925 – 40 1995 6/01 – Édition 01 | Dépôt légal : 43771 | Avril 2004